C.H.BECK WISSEN

Diese Militärgeschichte des Mittelalters bietet einen Überblick über den Zeitraum von etwa 500 bis 1500. Sie erhellt eine Welt, in der der Krieg allgegenwärtig war: Kein Reich und keine Gesellschaftsgruppe blieben dauerhaft oder langfristig von ihm verschont; jahrhundertelange Friedensphasen – wie im italischen Kerngebiet des antiken Imperium Romanum – kannte das Mittelalter nicht. Der Krieg prägte den Gesellschaftsaufbau dieser Epoche seit den Anfängen des sogenannten Heerkönigtums; stets blieb der mittelalterliche Adel an den Krieg gebunden und blieben die ritteradligen *bellatores* die in Kriegführung und Gesellschaft einflussreichste Gruppe. Wer auf welche Weise in das Kriegswesen eingebunden war, wie Rekrutierungsmechanismen funktionierten, welche Strategien, Taktik und Bewaffnung man pflegte und wie es um die Kriegsopfer bestellt war, kommt in diesem Band ebenso zur Sprache wie religions-, sozial- und kulturgeschichtliche Fragen, die sich im Zusammenhang der Militärgeschichte des Mittelalters stellen.

Martin Clauss lehrt als Professor der Universität Chemnitz die Geschichte Europas im Mittelalter und der Frühen Neuzeit. Die Militärgeschichte des Mittelalters bildet einen seiner Forschungsschwerpunkte.

Martin Clauss

MILITÄRGESCHICHTE DES MITTELALTERS

C.H.Beck

Mit sechs Abbildungen und zwei Karten

Originalausgabe

www.chbeck.de
Satz: C.H.Beck.Media.Solutions, Nördlingen
Druck und Bindung: Druckerei C.H.Beck, Nördlingen
Reihengestaltung Umschlag: Uwe Göbel (Original 1995, mit Logo),
Marion Blomeyer (Überarbeitung 2018)
Umschlagabbildung: Angriff Richards I. Löwenherz auf den
frz. König Philipp II. August bei Gisors 1198 (Ausschnitt),
frz. Buchmalerei, um 1325/50.
Aus: Chroniques de St. Denis. Ms. Royal 16, G.VI, fol. 360,
London, British Library, © akg-images/British Library
Printed in Germany
ISBN 978 3406 75752 5

klimaneutral produziert
www.chbeck.de/nachhaltig

Inhalt

Einleitung

«Da wurde mit den Schwertern ordentlich zugeschlagen. / Die Christen vermochten kaum, / sich mit den Klingen so viel Raum zu schaffen, / um sich wieder zu sammeln. / Schön geschmückte Ritter / dienten ihnen als Brücke über Blutströme, / manch einer aus Terramers Geschlecht. [...] Der Kampf wogte auf und ab / wie eine Gans sich auf den Wellen wiegt. / Das Feld von Alischanz wurde taunaß von Blut» (Wolfram von Eschenbach, *Willehalm*).

Der Krieg, dessen Bild Wolfram von Eschenbach († um 1220) hier zeichnet, erscheint ausgesprochen blutig und grausam: Die Kämpfer gehen im Wortsinn über Leichen, und das Schlachtfeld ist vom Blut der Toten getränkt. Auf der Alischanz lässt der Dichter eine Schlacht zwischen Heiden unter ihrem König Terramer und den Christen unter Willehalm stattfinden. Auch wenn der Kampf lange und heftig ist, steht sein Ausgang doch fest. Der christliche Gott gibt seinen Streitern Kraft und am Ende den Sieg. Damit sind einige Aspekte des Krieges, um den es in diesem Buch gehen soll, umrissen. Auch wenn die bildgewaltige Sprache Wolframs keine genaue Beschreibung der Wirklichkeit ist, so macht sein Epos doch deutlich, dass Gewalt, Blutvergießen und Opfer als Bestandteile des Krieges angesehen wurden. Mehr noch, die Gewalt der Christen und ihr Resultat wurden positiv ausgedeutet: Heidenblut zu vergießen, machte die christlichen Kämpfer zu Helden. Krieg wurde in etlichen mittelalterlichen Texten eng mit Prestige und dem christlichen Glauben verbunden.

Diese Militärgeschichte des Mittelalters nimmt die Kriege der Epoche in den Blick und einige sozio-kulturelle Phänomene, die damit in Verbindung stehen. Dies schließt Rekrutierungsmechanismen, Strategie, Taktik und Bewaffnung ebenso ein wie religions-, sozial- und kulturgeschichtliche Fragestellungen. Kriege waren im Mittelalter omnipräsent und zentral in Politik und Gesellschaft. Dabei waren einige Aspekte von militärischer Gewalt, die aus einer modernen Sicht vertraut erscheinen, im Mittelalter nicht oder nur in Ansätzen vorhanden. Dazu gehören eine strikte Trennung von zivil und militärisch bzw. Politik und Militär, die Verknüpfung von Krieg mit Staatlichkeit, ein post-heroisches Verständnis von Kriegsteilnahme oder eine weit verbreitete Skepsis gegenüber Gewalt – im Alltag oder als Mittel der Politik. Wenn man sich den mittelalterlichen Zuständen nähert, tut man gut daran, diese modernen Assoziationen zunächst zurückzustellen und sie als Ergebnis einer langen Entwicklung zu begreifen, die im Mittelalter ihren Ausgang genommen hat. Manches an den mittelalterlichen Kriegen kommt uns aber auch sehr bekannt vor, besonders wenn wir weniger an die Kriege unserer Zeit, sondern ihre kulturelle Überformung in Romanen oder Filmen denken. Hier treten uns mitunter Helden und Erzählungen entgegen, die viel mit mittelalterlichen Geschichten gemein haben. Beiden ist eine positiv gedeutete Gewaltausübung der Protagonisten zu eigen, deren Leiden und Kämpfen der Unterhaltung dient. Gewalt wird als unterhaltsam verstanden, solange sie einer als feindlich definierten Gruppe angetan wird. Etliche Aspekte des Kriegsgeschehens interessieren dabei nicht und werden als einer guten Geschichte abträgliche Details ignoriert. Dies führt dazu, dass wir bestimmte Gesichtspunkte der Kriege des Mittelalters nicht kennen, weil erzählende Texte – Chroniken, Annalen, Epen oder Romane – unsere wichtigsten Quellen sind. Die Anliegen einer modernen Militärgeschichte und die Darstellungsabsicht der mittelalterlichen Kriegserzähler klaffen also mitunter weit auseinander. So können wir uns zwar ein ziemlich klares Bild von Heldenkonzeptionen und kriegerischen Idealen machen, erfahren aber oft nur sehr wenig über logistische Maßnahmen. Aus der Ladekapazität von Ochsenkarren und dem Alltagstrott eines Trossknechtes lassen sich kaum spannende Geschichten spinnen, weswegen wir über diese Kriegsteilnehmer nur wenig oder gar nichts lesen können. Dies führt auch dazu, dass wir über die Opfer des Krieges deutlich weniger erfahren als über die aktiven

Kämpfer. Das Schicksal der vom Krieg Betroffenen und Gezeichneten verschwindet oftmals hinter Formulierungen wie «das Heer verwüstete das Umland» oder «sie setzten die Stadt in Brand». Die mit diesen knappen Worten umrissenen Manöver hatten gravierende direkte und indirekte Auswirkungen auf die Bevölkerung, ohne dass wir diese genau beschreiben könnten. Wenn die Zahlen besonders hoch oder die Umstände außergewöhnlich waren, berichten die Chroniken auch von Opfern. Als der Frankenkönig Pippin III. († 768) im Jahr 761 gegen den aufständischen Herzog Waifar († 768) zog, eroberten seine Truppen auch die Stadt Clermont. Die Fortsetzung der sogenannten Fredegar-Chronik berichtet hierzu: «Er [Pippin] verwüstete den größten Teil Aquitaniens und zog mit dem ganzen Heer bis zur Stadt Auvergne, eroberte die Festung von Clermont im Sturm und steckte sie in Brand; in diesem Feuer verbrannte eine große Menge von Menschen, Männer, Frauen und Kinder.» Selbst die wenigen, nüchternen Worte machen deutlich, wie grausam mittelalterliche Kriege waren – wie die Kriege aller Zeiten. Diese grundlegende Wahrheit verschwindet gelegentlich hinter einem militär-technischen Zugriff und einer Sichtweise, die von zeitgenössischen Kriegserzählungen und -idealen geprägt ist.

Aber auch bei Kernaspekten einer klassischen Kriegsgeschichte – wie Truppengrößen, -aufstellungen und Schlachttaktik – stehen wir vor Problemen. Chronisten, die aus eigener Anschauung oder auf der Basis von Hörensagen von Kämpfen berichteten, verfügten oftmals nicht über die relevanten Informationen, um hierzu Aussagen zu machen. Dies lag an Geheimhaltung ebenso wie an mangelnder Sachkenntnis oder anders gelagerten Darstellungsabsichten. In solchen Fällen scheint es oft verlockend, plausibilisierende Annahmen zu benutzen, um die Lücken zu schließen, welche die Quellen uns lassen. Mitunter greift die Forschung hierzu auf eine scheinbar immer gültige militärische Logik (*inherent military probability*) zurück, um die vermeintlich richtige Handlungsalternative zu identifizieren. Dies geht nicht nur von der Annahme aus, dass militärische Entscheider mit größerer Wahrscheinlichkeit diese beste Lösung fanden und bevorzugten; darüber hinaus berücksichtigt dieses

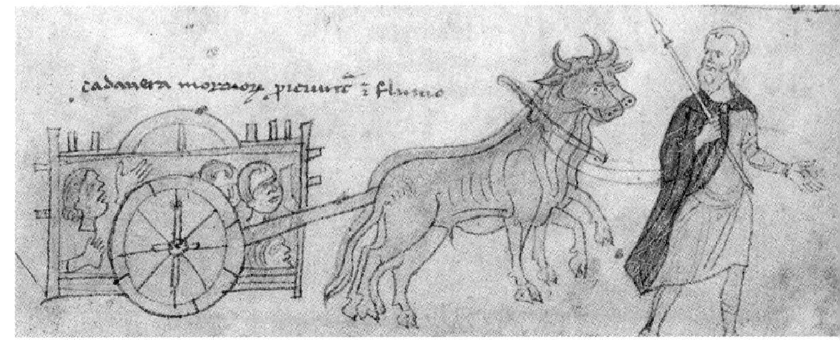

Abb. 1: Illustration aus dem Liber ad honorem Augusti des Petrus de Ebulo (Ende 12. Jahrhundert): Nach dem Kampf um Capua im Rahmen der Eroberung Siziliens durch den Staufer Heinrich VI. († 1197) werden die Leichen auf einem Ochsenkarren zum Fluss Volturno geschafft: *cadavera mortuorum proiciuntur in fluvio.*

Vorgehen kulturelle und regionale Besonderheiten nur unzureichend. Methodisch präziser ist es daher, Erkenntnislücken und ihre Ursachen zu benennen. Diese verschieben sich in der Epoche, da sich die Zusammensetzung und die Dichte der Quellen verändern. Schriftlichkeit nahm während des Mittelalters in allen Bereichen stetig zu, so dass wir im Spätmittelalter über eine größere Bandbreite an Texten verfügen, die zum Beispiel auch Verwaltungsakten und Rechnungsbücher umfassen. Immer dort, wo finanzielle Aspekte berührt waren, entstanden Schriftstücke, die uns sehr detaillierte Einblicke gewähren. So erfahren wir etwa aus einer Liste der englischen Kriegsbürokratie des 13. und 14. Jahrhunderts – sogenannte *restaura equorum*-Listen – viel über die Kriegspferde der ritteradligen Elite. Um diese wertvollen Tiere und Investitionen gegen Kriegsschäden zu versichern, wurden verschiedene Charakteristika verzeichnet – wie Art des Pferdes, Wert, Fellfarbe, Alter und besondere Merkmale. Im Schadensfall konnte der Pferdebesitzer dann Kompensationszahlungen von der englischen Krone verlangen. So erfahren wir beispielsweise, dass ein gewisser Symond de Lulleford in den 1280er Jahren *un chival ferant pommele*, also einen kriegstauglichen Apfelschimmel, mitgeführt hat. Krieg war nicht nur die Schmiede der Helden, sondern auch ein hart kalkuliertes Geschäft auf der Grundlage einer genauen Buchhaltung. Beide Aspekte sind hier durch das Pferd verbunden, welches uns wegen seiner großen Bedeutung für den mittelalterlichen Krieg und die mittelalterliche Gesellschaft immer wieder begegnen wird.

Die deutsche Militärgeschichte des Mittelalters nimmt eine gewisse Sonderstellung im internationalen Vergleich ein. Geprägt durch die Erfahrung des Zweiten Weltkrieges wurde alles Militärische für Jahrzehnte mit großer Skepsis betrachtet. Deswegen war Militärgeschichte in Deutschland für lange Zeit keine etablierte Teildisziplin der Geschichtswissenschaft, und die Kriege des Mittelalters wurden nicht systematisch erforscht – anders als etwa in England und Frankreich. Dieser Umstand reflektierte nicht die Bedeutung des Themas für die Epoche, sondern die gesellschaftliche Zurückhaltung ihm gegenüber. Dies änderte sich erst langsam ab den 1990er Jahren, als der Krieg in die bundesdeutsche Außenpolitik, die gesellschaftlichen Diskurse und die universitäre Wissenschaft zurückkehrte. Auch die deutsche Mittelalterforschung nahm sich nun wieder des Themas an und betrachtete es vor allem unter kulturhistorischen Fragestellungen, wie etwa Eigen- und Fremdwahrnehmung kriegführender Gruppen, die Konzeption des Heldentums oder die erzählerischen Ausgestaltungen von chronikalischen Berichten über den Krieg. Die Forschung in England und Frankreich hat hingegen mit größerer Kontinuität den traditionellen Kernfragen der Kriegführung Beachtung geschenkt. Daher liegen uns mehr aktuelle Studien zu Strategie und Taktik aus diesen Ländern vor, und Handbücher zum mittelalterlichen Krieg aus England, den USA und Frankreich sind zahlreicher als deutsche.

Grundsätzlich taucht der Krieg als Thema direkt oder indirekt in jeder Quellengattung auf, was seine Bedeutung für die Epoche unterstreicht. Dies können Bilder, archäologische Funde, Historiographie, Hagiographie, Gesetzestexte, Predigten, Briefe und vieles mehr sein. Über weite Strecken sind die Texte – vor allem im frühen und hohen Mittelalter – von einer kirchlichen

Perspektive geprägt, weil es vor allem Kleriker waren, die lesen und schreiben konnten. Dies geht oft mit einer kritischen Haltung gegenüber kriegerischer Gewalt und dem Krieg an sich einher. Mitunter stellt die Kriegsferne der Autoren eine besondere Herausforderung für die Interpretation dar. Mönche, die keine eigene Erfahrung und auch keine persönlichen Kontakte mit dem Krieg hatten, griffen auf antike Vorbilder zurück, um die Konflikte ihrer Zeit zu beschreiben. Dann tauchen in Texten des Hochmittelalters römische Legionen und Feldlager auf. Dies sagt mehr über den Bildungsstand der Autoren als über den Organisationsstand mittelalterlicher Heere aus. Gleichzeitig finden wir immer wieder christlich-religiöse Aufladungen des Kriegsgeschehens, wie etwa im *Willehalm*. Der Vergleich mit den Makkabäern, kriegerischen Helden aus dem Alten Testament, war eine hohe Auszeichnung, und zahlreiche Heilige standen den mittelalterlichen Kriegern zur Seite. Handeln und Entscheiden im Krieg war immer auch von kulturellen Aspekten geprägt, die wir heute nicht als «militärisch» bezeichnen würden – wie Religion oder Ehre. Es ist das Ziel dieses Buches, ein Bild des mittelalterlichen Krieges zwischen zeitgenössischen Idealen und modernen Klischees, militärhistorischen Anliegen und den vorhandenen Quellen zu zeichnen. Dabei wird das Thema in einer gewissen Breite behandelt, und über die zentralen Aspekte der mittelalterlichen Kriegführung hinaus werden immer wieder auch religiöse, soziale und kulturelle Fragen gestellt.

Der behandelte Zeitraum ist das Mittelalter in der traditionellen Datierung von 500 bis 1500, mit einigen Ausflügen über diese Grenzen hinaus. Der zugrundeliegende Aufbau ist dabei chronologisch – von den Kriegen der Merowinger zu Beginn des Mittelalters bis zu den Übergängen vom Spätmittelalter zur Frühen Neuzeit. Es ist offensichtlich, dass gesellschaftliche Phänomene – auch der Krieg – über eine tausendjährige Zeitspanne großen Wandlungsprozessen unterworfen waren. Das sind nicht zwingend linear-teleologische Prozesse, es gab auch regionale und situative Varianten. Es wird sich aber zeigen, dass bestimmte Aspekte relativ konstant blieben und für mittelalterliche Kriege kennzeichnend waren. Der Untersuchungsraum umfasst Lateineuropa, also im Wesentlichen Deutschland, Frankreich, England und Italien – mit einer Konzentration auf dem deutschen Reich. Damit ist der Kulturraum umrissen, in dem Latein die Kultursprache und das römisch-katholische Christentum die Mehrheitsreligion waren.

1. Die Merowingerzeit (5. bis 7. Jahrhundert): Krieg zwischen Antike und Mittelalter

Seit dem 4. Jahrhundert sah sich das Römische Reich in zunehmendem Maße mit Übergriffen «barbarischer» (also nichtrömischer) Gruppen konfrontiert. Aus überfallartigen Raubzügen entwickelten sich nach und nach neue Herrschaftskomplexe auf römischem Gebiet, welche Ausgangspunkte für die Reichsstrukturen des Mittelalters werden sollten. Diese Entwicklungen, die mit dem Forschungsbegriff «Völkerwanderung» nur ungenügend beschrieben sind, hängen eng mit Krieg und Kriegführung zusammen. Die «Wanderungen» waren in der Regel kriegerische Aktionen, und die «Völker» bildeten sich erst auf Grundlage dieser Kriegszüge. Der Kontakt mit dem Imperium Romanum nahm dabei verschiedene Formen an; militärische Konfrontation schlug in Föderaten-Verträge und Ansiedlung auf Reichsgebiet um, «germanische» Krieger wurden als Hilfstruppen in die römische Armee eingegliedert und zur Abwehr anderer Barbaren eingesetzt. In der Auseinandersetzung mit dem Römischen Reich entstanden so Herrschaftsstrukturen, die wesentlich auf der Kriegführung basierten und von der Forschung mit dem durchaus umstrittenen Begriff «Heerkönigtum» charakterisiert werden. Der Heerkönig agierte als Anführer eines Zweckverbandes, der sich für und in kriegerischen Aktionen konstituierte. Militärische Erfolge festigten die Verbandstrukturen, sicherten den Kriegern Beute und dem Anführer Ansehen. Heerkönigtum manifestierte sich in militärischer Gefolgschaft und war auf Siege angewiesen. Expansionen und offensive militärische Aktionen waren der Wesenskern dieser Königsherrschaft, die ohne Krieg nicht denkbar war. Misserfolge oder Untätigkeit brachten für diese Könige Legitimationsprobleme mit sich – etwa in Phasen ohne Eroberungs- oder Plünderungszüge.

Die Verbindung von Königsherrschaft und Krieg war für das ganze Mittelalter maßgeblich. Trotz unterschiedlicher Ausprägungen, dynastischer und individueller Besonderheiten war Kriegführung ein wichtiger Legitimationsfaktor mittelalterlicher Königsherrschaft. Krieg und gesellschaftliche Stellung hingen in den Nachfolgereichen des Imperium Romanum eng zusammen. Während im Römischen Reich bezahlte Soldaten Dienst leisteten, wurde im Zuge von «Völkerwanderung» und barbarischen Reichsbildungen die Kriegsteilnahme zum Privileg und zur Voraussetzung für politische Teilhabe. In diesem Sinne ist der Begriff «Soldat», der in der deutschen Sprache erst im 16. Jahrhundert für den Empfänger von Sold belegt ist, für etliche Akteure mittelalterlicher Kriege irreführend. Er suggeriert ein Ausmaß an Uniformität, einheitlicher Ausbildung und Kommandostruktur, das wir im Mittelalter nicht voraussetzen können. Die Qualität der Ausrüstung und die Fertigkeiten im Umgang mit Waffen waren eng an die gesellschaftliche Stellung geknüpft. Kriegsteilnahme wurde in verschiedener Hinsicht zum «important marker of social identity» (Guy Halsall, *Warfare,* S. 35). Dies galt für die Stellung innerhalb der sozialen Hierarchie ebenso wie für das Alter und das Geschlecht. Die aktive Kriegsteilnahme war Männern vorbehalten, wobei Jugendliche immer wieder als besonders wagemutige oder leichtsinnige Kriegsteilnehmer vorgestellt wurden, und das Kämpfen als Bestandteil der Adoleszenz verstanden wurde. Der mittelalterliche Adel war ein Kriegeradel, der sich maßgeblich über die Fähigkeit zur Kriegführung definierte.

Eine der Volksgruppen, denen eine erfolgreiche und langlebige Reichsgründung auf dem Gebiet des Imperium Romanum gelang, waren die Franken. Der erste König aus der fränkischen Dynastie der Merowinger, der in den Quellen sicher belegt ist, war Childerich I. († 481 oder 482), sein Grab wurde Mitte des 17. Jahrhunderts im belgischen Tournai gefunden. Die Grabbeigaben zeigen Childerich als Person des Übergangs zwischen römischer Antike und fränkischem Mittelalter. Sein Siegelbild stellt ihn mit langen Haaren, Halsring und Speer dar – als Anführer eines «barbarischen» Volkes. Eine Zwiebelknopffibel

Abb. 2: Zeichnung des Siegelringes Childerichs I., der in seinem Grab in Tournai gefunden wurde.

verweist als kaiserliches Ehrenzeichen auf seine Funktion in der römischen Armee. Childerich war fränkischer König und römischer Offizier; in beiden Funktionen war sein Führungsanspruch wesentlich von seiner Rolle im Krieg bestimmt. In seinem Grab fanden sich Pferde und Waffen, nämlich Axt, Lanze und Schwerter. Sein Grab steht stellvertretend für die Quellen, denen wir große Teile unserer Kenntnisse über die Kriege der Merowingerzeit verdanken. Grabbeigaben, die sich in Lateineuropa bis zum frühen 8. Jahrhundert finden, geben Auskunft zu Aussehen und Beschaffenheit frühmittelalterlicher Waffen. Diese Funde sind nicht immer leicht zu interpretieren, so dass oftmals ungeklärt bleibt, welche soziale Kategorie symbolisiert werden sollte. Diente die Beigabe von Waffen dazu, das Alter, das Geschlecht oder die soziale Stellung sichtbar zu machen? In welcher Beziehung standen Zier- zu Kriegswaffen, nicht nur mit Bezug auf eine bestattete Person, sondern für die Masse der Krieger? Und schließlich wird aus Grabfunden nicht deutlich, wie die Waffen im Krieg eingesetzt wurden.

Viele Waffen blieben im ganzen Frühmittelalter vergleichsweise unverändert, woraus sich jedoch nicht schließen lässt, dass man diese Waffen immer auf die gleiche Weise verwendete. Zu den leichten, also nur von einer Person zu bedienenden Waffen gehörten Schwert, Speer, Axt, Messer und Bogen für den Angriff, Schild, Helm und Panzer für die Verteidigung. Die Schwerter waren dabei länger als der kurze *gladius* der römischen Legionäre, zweischneidig und gerade; sie entsprachen der *spatha* der römischen Reitertruppen und eigneten sich eher als Hieb- denn als Stoßwaffe. Dies verweist auf eine Benutzung vom Pferderücken aus oder in einer nicht zu eng geschlossenen Formation zu Fuß. Die meistverwendete Waffe dürfte der Speer gewesen sein, mal als Stich-, mal als Wurfwaffe eingesetzt, vom Pferd aus oder zu Fuß kämpfend. Die symbolische Bedeutung des Speers zeigt sich in Erzählungen und als Zeichen der Würde im Siegelbild König Childerichs. Die Qualitätsunterschiede einzelner Waffen konnten beträchtlich sein, sie spiegelten Stand und Wohlstand ihres Besitzers wider. Dies sieht man etwa bei Helmen, die sich besonders für Verzierungen eigneten. Die meisten waren sogenannte Spangenhelme, bei denen an einem Stirnreif in konischer Wölbung diverse Metallleisten (Spangen) angebracht waren. Mitunter ergänzten Nacken- und Wangenschutz diese Helme.

Pferde waren von großer Bedeutung für die Kriegführung und den Status eines Kriegers, was sich etwa an den Bestattungsriten zeigt: Krieger wurden oft mit ihren Pferden begraben. Generelle Aussagen über den Einsatz von Pferden im Krieg sind hingegen schwierig. Sicher ist, dass Pferde genutzt wurden, um Krieger und Material zu transportieren. Weniger eindeutig lässt sich die Frage beantworten, ob die Heere der Merowinger zu Fuß oder zu Pferd kämpften. Eine moderne Trennung der Kampftruppen in Kavallerie und Infanterie verstellt den Blick auf eine flexible Kriegführung, die den Akteuren verschiedene Kampfweisen abverlangte. Ein entscheidender Grund gegen den Einsatz von berittenen Kämpfern war oftmals die damit verbundene Möglichkeit zur Flucht. Hierdurch konnten sich auch Zerwürfnisse innerhalb der Truppe ergeben, wenn etwa nur eine sozial privilegierte Minderheit beritten war.

Dem Kriegswesen des Mittelalters waren durch Infrastruktur und Logistik gewisse Grenzen gesetzt. Die Versorgung der Truppen hing von landwirtschaftlichen Produktionszyklen ab. Futter und Nahrung konnte auf Grund der Transportkapazitäten nur in begrenztem Umfang mitgeführt werden. Jedes Zug- oder Tragetier, das zum Transport von Nachschub eingesetzt wurde, erhöhte den Bedarf der Truppe, wenn sie nicht aus dem Umland versorgt werden konnte. Flüsse erlaubten es, per Schiff größere Mengen zu transportieren, limitierten aber die strategischen Optionen. Wir sehen bei vielen Kriegszügen, dass sich das Heer von dem ernährte, was vor Ort zu finden war. Nachschub wurde dann entweder käuflich – zahlreiche Regularien verweisen auf die Anwesenheit von Händlern im Feldlager – oder mit Gewalt erworben. Hinter dem technischen Terminus «Fouragieren» verbergen sich in der Regel gewaltsame Übergriffe gegen die örtliche Bevölkerung und ihre Lebensgrundlage. Etliche militärische Aktionen mussten abgebrochen werden, weil die Truppen nicht ausreichend versorgt werden konnten, in der Chronistik finden sich Klagen über unzureichende Ernährung. Neben der Versorgung stellte auch die Entsorgung eine Herausforderung dar. Wenn größere Verbände sich über lange Zeit an einem Ort aufhielten, müssen menschliche und tierische Fäkalien in beträchtlicher Menge angefallen sein. Unsere Quellen schweigen über diese Seite des Krieges, so dass wir die olfaktorische und hygienische Dimension dieses Problems nur erahnen und über logistische Lösungen nur spekulieren können. Größe und Zusammensetzung des Trosses bestimmte auch die Marschleistung des Heeres, das sich immer nur so schnell bewegen konnte, wie sein langsamster Teil. Für Fußtruppen geht man von 20 Kilometern pro Tag als wiederholbare Leistung aus, berittene Verbände konnten bis zu 50 Kilometer weit kommen. Je höher die Marschleistung ausfiel, desto mehr schwächte sie die Kampfkraft.

Überlegungen zur Strategie und Taktik frühmittelalterlicher Heere sind eng verbunden mit den Beziehungen zwischen dem antik-römischen und dem fränkisch-mittelalterlichen Kriegswesen. In der Forschung stehen hier die Verfechter enger Kontinuität gegen diejenigen, welche das Eigenständige und «Barbarische» in den Kriegen der Merowingerzeit betonen. Diese Frage wird durch die Abhängigkeit der erzählenden Texte zur fränkischen Geschichte von antiken Vorbildern, ihre große zeitliche Distanz zu den geschilderten Ereignissen und das je spezifische Verhältnis der christlich-kirchlichen Autoren zum Krieg verkompliziert. Verweist die Benutzung lateinischer Militärtermini auf das Fortbestehen eines militärischen Phänomens oder auf die klassische Bildung des Autors? Die Frage nach Kontinuitäten und Diskontinuitäten kann dabei nicht pauschal und losgelöst von der jeweiligen kriegerischen Konstellation beantwortet werden. So ist unstrittig, dass es durch den Fortbestand und die Fortnutzung römischer Infrastruktur – wie Stadtbefestigungen und Straßen – Kontinuitäten bei Strategie und Logistik gab. Daraus resultierend kam es bei Belagerungen zum Einsatz bewährter römischer Techniken, wie etwa von Rammen oder Torsionsgeschützen (*onager*). Wir sehen eine große Bandbreite unterschiedlicher Gewaltformen – Plünderungszüge, Belagerungen, Feldschlachten – und taktischer Maßnahmen – vorgetäuschte Flucht, taktische Reserve, Gewaltmarsch –, ohne dass wir diese immer in das Schema «römisch» versus «barbarisch» im Sinne von Kontinuität und Wandel einordnen könnten. Die taktischen Maßnahmen eines merowingischen Kommandeurs, die sich so auch in spätantiken Militärtraktaten finden, müssen nicht zwangsweise diesen entnommen worden sein. Beim meistüberlieferten antiken Militärtheoretiker, Flavius Vegetius Renatus (4. Jahrhundert), findet sich etwa der Hinweis, man solle immer mit der Sonne im Rücken angreifen. Wenn mittelalterliche Feldherren nun auf diese Weise agierten, ist das noch kein Beleg für Vegetius-Lektüre, sondern kann auch auf Erfahrungswissen oder gesunden Menschenverstand verweisen.

Die militärhistorische Forschung ringt in diesem Kontext auch darum, wie häufig Schlachten gesucht und geführt wurden, und verknüpft die Ergebnisse oftmals mit bestimmten Zuordnungen: «Barbarische» Kriegführung zeichnet sich dabei eher durch Plünderungen und Raubzüge aus, wohingegen die «römische» Vorgehensweise Belagerungen und Feldschlachten beinhaltete. Verallgemeinernde Aussagen sind methodisch aber problematisch. So hängt etwa die Frage, ob Schlachten häufig oder selten waren, in erster Linie von der zu Grunde gelegten

Kategorie ab. Plünderungszüge durch gegnerisches Territorium sollten Beute für die Krieger und Anhängerschaft für ihren Anführer sichern und sind für die Kriegführung der nicht-römischen (also «barbarischen») Gruppen in der Spätphase des Römischen Reiches typisch. Gleiches lässt sich aber für weite Teile des Mittelalters feststellen. Plünderungszüge beruhten dabei auf militärischen – bewegliche Truppenverbände, überlegenes Gewaltpotenzial, Transportmöglichkeiten –, aber auch politisch-ökonomischen Voraussetzungen: ein gegnerisches Territorium von ausreichendem Wohlstand. Plünderungen im eigenen oder im zu erobernden Herrschaftsgebiet konnten zwar lukrativ, politisch aber wenig zielführend sein. Plünderungen dienten verschiedenen politischen und militärischen Zielen: dem Generieren von Beute, der Schwächung des politischen Ansehens des gegnerischen Herrschers oder auch als Druckmittel, um den Gegner zur Schlacht zu bewegen. Militärische Aktionen können nicht losgelöst von der jeweiligen politischen und ökonomischen Situation betrachtet werden. Merowingische Heerführer passten ihre Strategie und Taktik den Bedürfnissen und Gegebenheiten an. Sie konnten dabei auf ein breites Arsenal an taktischen und strategischen Optionen zurückgreifen, ohne dass diese dezidiert «römisch» oder «barbarisch» waren.

Dies zeigt auch die vieldiskutierte Episode aus den zehn Büchern der Geschichte Gregors von Tours, denen wir die meisten Informationen über die frühen Merowinger verdanken. König Chlodwig I. († 511), der Sohn Childerichs I., belagerte die Stadt Avignon im Königtum Burgund und erhielt einen Rat zu seiner Kriegführung: «Du verwüstest die Äcker, weidest die Wiesen ab, vernichtest die Weinberge, fällst die Ölbäume, richtest alle Früchte des Landes zugrunde, und kannst ihm [dem burgundischen König] doch kein Leid zufügen. Schicke doch lieber eine Gesandtschaft an ihn und lege ihm einen Tribut auf.» Hier werden verschiedene Optionen abgewogen: Belagerung mit Verwüstung des Umlandes, dessen Zerstörung offensichtlich über Plünderungen hinausging, gegen Verhandlungen und Unterwerfung. Beides hing dabei direkt miteinander zusammen: Die zerstörerische Gewalt vor der Stadt verwies auf die militärische

Überlegenheit des Königs und führte so zur Unterwerfung seines Gegners auf dem Verhandlungsweg. Chlodwigs Eroberungen legten die Grundlage für die Herrschaft seiner Dynastie und das Reich der Franken. Wegmarken waren Schlachten gegen den letzten gallo-römischen Heermeister Syagrius bei Soissons 486, gegen die Alemannen 496/97 sowie gegen die Westgoten 507. Militärhistorische Details zu diesen Siegen – wie Truppengröße, Taktik und Verlustzahlen – sind nicht verlässlich zu ermitteln. Ihre politisch-herrschaftliche Dimension hingegen ist sehr klar: Chlodwigs Königtum basierte auf seinen militärischen Erfolgen.

Bei vielen frühmittelalterlichen Heerkönigen sehen wir, dass sie militärische Auseinandersetzungen besonders in der Frühphase ihrer Herrschaft suchten, um ihren Machtanspruch zu etablieren. Hierzu gehörte auch, dass die Heerkönige ihre Truppen persönlich ins Feld führten, vor allem in den Anfangszeiten einer Dynastie und bei Thronstreitigkeiten. In diesem Sinne waren die Merowingerkönige bis in die 540er Jahre im Feld aktiv und leiteten etliche der Eroberungszüge, die zur Ausdehnung des Frankenreiches vom Rhein bis an die Pyrenäen führten, persönlich. Bis zum Ende des 6. Jahrhunderts führten die Könige zwar Kriege, sie leiteten die Feldzüge aber nicht mehr zwingend in eigener Person. Die Dynastie erscheint hier gesichert genug, um diese militärische Aufgabe an Adlige delegieren zu können. In der ersten Hälfte des 7. Jahrhunderts waren die kriegerischen Aktionen dann nicht mehr vorwiegend nach außen, sondern in langen und blutigen Bürger- und Bruderkriegen nach innen gerichtet. Bei den Merowingern hatten alle anerkannten Königssöhne Anspruch auf die Herrschaft, so dass das Reich im Erbfall geteilt werden musste. Dies führte auf lange Sicht zu einer Schwächung der Königsherrschaft und zu zahlreichen innerdynastischen Konflikten, die oftmals militärisch ausgetragen wurden. Im ganzen Mittelalter erforderten Auseinandersetzungen um die Königsherrschaft die persönliche Anwesenheit des Königs auf dem Schlachtfeld. Wie wichtig dies für einen Heerkönig war, zeigt sich etwa dann, wenn Kindkönige in den Krieg zogen und zumindest pro forma ihre Truppen anführten. Militärischer und politischer Einfluss gingen Hand in Hand, weswegen es auch immer wieder zu Zweikampf-Angeboten kam. Die persönliche Auseinandersetzung zweier Anführer sollte die Streitfrage klären und so die Schlacht und weiteres Blutvergießen vermeiden. In der Regel blieb es aber bei Ankündigungen und Aufforderungen, wie eine Episode aus dem frühen 7. Jahrhundert belegt. Die Hausmeier – oberste Funktionsträger am Hof – rivalisierender Könige, Bertoald und Landerich, standen sich bei Orléans gegenüber. Landerich soll seinem Gegner nach Fredegar Folgendes gesagt haben: «Da du dir das [den Zweikampf] nicht zutraust, werden unsere Heere wegen eurer Taten demnächst in den Kampf ziehen. Dann aber kleiden wir uns beide, ich und du, in rote Gewänder und treten vor unsere Heere; und schon beim ersten Zusammentreffen wird sich deine und meine Tapferkeit erweisen; geloben wir also einander vor Gott, dieses Versprechen in die Tat umzusetzen.» Im darauffolgenden Kampf fiel Bertoald.

Auch jenseits des Heerkönigs waren merowingische Heere eine politisch bedeutende Einrichtung, weil sie als Versammlung der einflussreichen Entscheidungsträger des Königreiches fungierten: Auf dem sogenannten Märzfeld wurden militärische und politische Belange verhandelt, die Kämpfer und ihre Ausrüstung wurden gemustert, Entscheidungen über Krieg und Frieden getroffen und die Beute verteilt. Nach seinem Sieg bei Soissons gegen Syagrius soll Chlodwig I. einen Krug aus der Kriegsbeute für sich gefordert haben. Dies entsprach nicht der Gepflogenheit, die Beuteanteile per Los unter den Kämpfern zu verteilen. Ein Krieger machte dem König daher die Vase streitig, und Chlodwig konnte diese nicht behalten. Auf dem Märzfeld des folgenden Jahres inspizierte der König die Waffen seines Heeres und erschlug den Kämpfer, der ihm den «Krug von Soissons» nicht hatte zusprechen wollen. In seinen Anfangsjahren war Chlodwig noch nicht so weit über seine Gefolgschaft erhoben, dass er unangefochten einen bestimmten Beuteanteil verlangen konnte, aber offenbar mächtig genug, sich eigenhändig und in der Öffentlichkeit der Heeresversammlung zu rächen. Königtum ist hier sehr personal und sehr eindeutig mit dem Krieg verbunden, die Beute ein wichtiger Beweggrund für Kriegsteilnahme. Diese wurde mehr und mehr zum gesellschaftlichen Privileg und zur notwendigen Voraussetzung für politische Teilhabe. Krieg ermöglichte den Zugang zum König, und erfolgreicher Kriegsdienst führte zu königlicher Gunst. Die Soldzahlungen antik-römischer Zeit wurden im Laufe des frühen Mittelalters durch Verfahren abgelöst, in denen Kriegsdienst durch Landvergabe entlohnt beziehungsweise möglich gemacht wurde. Es sind zunehmend wohlhabende, aristokratische Landbesitzer, die es sich leisten können, ein kriegerisches Gefolge zu unterhalten. Sie stellen diese Kontingente dem König zur Verfügung, was ihren politischen Einfluss entscheidend steigert. Die Bedeutung des Krieges für die Adligen und ihr Einfluss auf den König werden in einer Episode zum Jahr 556 deutlich, die Gregor von Tours erzählt. König Chlothar I. († 561) zog mit einem Heer gegen die aufständischen Sachsen und wollte von einem Angriff Abstand nehmen, als diese zur Unterwerfung bereit waren. Davon wollten die mit dem König ziehenden Franken aber nichts wissen: Sie bedrängten den König und zerrissen sein Zelt, um ihn zum Krieg mit den Sachsen zu bewegen. Krieg und Beute waren für die Adligen von hoher Bedeutung, und der König musste sich ihrem Ansinnen fügen. Das kriegerische Potenzial des Adels war zunächst durchaus im Sinne des kriegführenden Königs, führte aber im Laufe des 7. Jahrhunderts zu einer Schwächung und schließlich zum Ende des merowingischen Königtums.

2. Die Karolinger: Erfolgreiche Reichsbildung durch Krieg

«Da erhob sich Pippin von Austrasien, stellte ein sehr großes Heer auf und führte die Truppen gegen König Theuderich und Berchar. Als sie nun beim Ort namens Tertry zur Schlacht zusammentraten und miteinander kämpften, ergriff König Theuderich gemeinsam mit seinem Hausmeier Berchar die Flucht. Pippin aber blieb Sieger.» Mit diesen Worten schildert das *Buch von der Geschichte der Franken* die Schlacht bei Tertry im Jahr 687, mit welcher der Aufstieg der Karolinger zur führenden Dynastie im Frankenreich begann. An der Somme besiegte Pippin der Mittlere († 714) seinen Widersacher Berchar und sicherte sich und seiner Familie so die Vormachtstellung im Frankenreich. Die Karolinger regierten zunächst als Hausmeier unter den inzwischen de facto einflusslosen Merowingerkönigen, ab 751 dann als Könige. Krieg war in der Karolingerzeit – wie im ganzen Frühmittelalter – «endemisch» (Hans-Henning Kortüm, *Kriege*, S. 117), die karolingischen Herrscher führten beinahe Jahr für Jahr Krieg.

Das Zitat ist für unsere Quellen zu den Kriegen der Karolingerzeit typisch und beispielhaft für die Herausforderungen, vor denen die militärhistorische Forschung steht. Die Schlacht wird wegen ihrer politischen Konsequenzen von den Siegern erwähnt, Details zu den beteiligten Truppen, zur Taktik oder zum Kampf fehlen hingegen. Auch bei den größten und politisch bedeutendsten Auseinandersetzungen verfügen wir nur gelegentlich und sehr begrenzt über Informationen zu militärischen Details.

Auf Pippin den Mittleren folgte sein Sohn Karl Martell († 741), der sich militärisch gegen Konkurrenten durchsetzte und ab 718 die Geschicke des Frankenreiches kontrollierte. Mit ihm begann die Phase, in der wir die Heere der Karolinger vorwiegend in expansiv-offensiven Aktionen sehen. Ihre Kriegszüge richteten sich gegen auswärtige Gegner und führten zu einer stetigen Vergrößerung des Reichsgebietes, wobei in der Forschung umstritten ist, ob dies Teil einer langfristigen, generationenübergreifenden Strategie oder das Ergebnis pragmatischer Einzelentscheidungen war. Am Ende dieser Phase stand ein Frankenreich, das deutlich größer war als die römische Provinz Gallien und weite Teile Westeuropas umschloss.

Karl Martell, der seinen Beinamen «der Hammer» erst im 9. Jahrhundert erhielt, aber schon im 8. Jahrhundert als «herausragender Krieger» bezeichnet wurde, kämpfte unter anderen gegen die Sachsen, Friesen, Alemannen, Bayern und gegen muslimische Verbände, die von Spanien aus ins Reich der Franken vordrangen. Seit dem Tod Mohammeds (632) hatten muslimische Araber große Teile Nordafrikas unter ihre Kontrolle gebracht, 711 die Meerenge von Gibraltar und 720 die Pyrenäen überschritten. Seitdem drangen sie immer wieder auf fränkisches Gebiet vor und wurden als Bedrohung wahrgenommen. 732 kam es zwischen Tours und Poitiers zur Konfrontation. Die Franken blieben siegreich, konnten das Lager des Gegners plündern und Beute machen. Diese Schlacht wurde immer wieder als Sieg des christlichen Abendlandes über die islamische Bedrohung begriffen; es ist aber sehr ungewiss, ob die arabischen Truppen auf eine Eroberung christlichen Gebietes aus waren, wahrscheinlicher scheint, dass sie plündern wollten. Auch Karl Martell ging nach seinem Sieg nicht offensiv gegen die muslimische Herrschaft in Spanien vor – auch er war mit der reichen Beute zufrieden.

Nach einem zeitgenössischen Text standen die Truppen Karls bei Poitiers standhaft wie eine «Wand aus Eis». Diese Metapher verweist auf die südländische Herkunft eines uns unbekannten Autors, der die Franken als Volk aus dem Norden bezeichnete, und wird als Hinweis auf die fränkische Schlachttaktik gedeutet. Die Franken kämpften bei Tours und Poitiers zu Fuß in einer geschlossenen Formation, gegen welche die Araber anritten. Diese taktisch-defensive Ausrichtung wird in der Forschung als «Phalanx-Taktik» bezeichnet, was Assoziationen an antik-römische oder griechische Kampfweisen weckt. Hier zeigt sich eine Forschungstradition, welche die Kontinuitäten zwischen antiker und fränkischer Kriegführung betont.

Der Sohn und Nachfolger Karl Martells, Pippin der Jüngere († 768), beendete 751 die Königsherrschaft der Merowinger und wurde selbst zum ersten König im Frankenreich aus der Dynastie der Karolinger. Eine Grundlage dafür waren seine militärischen Erfolge, welche seinen politischen Einfluss auch jenseits des Karolingerreiches, etwa in Kooperation mit dem Papsttum, festigten. Pippin agierte erfolgreich in Norditalien gegen die Langobarden, brachte die südfranzösische Küstenregion rund um Narbonne unter fränkische Kontrolle und kämpfte in den 760er Jahren beständig um die Vorherrschaft in Aquitanien im Südwesten des heutigen Frankreichs. Diese Aktionen umfassten Belagerungen gut befestigter Städte, wie etwa Bourges im Jahr 762. Auch hier sind die zeitgenössischen Berichte sehr knapp. Sie lassen aber erkennen, dass Pippin eine umfangreiche und auch technisch aufwändige Belagerung durchgeführt haben dürfte: Für das Belagerungsheer wurde ein Lager befestigt, das Umland der Stadt verwüstet, die Stadtbefestigung mit Geschützen angegriffen und die Stadt durch einen Wall von der Außenwelt abgeschnitten, so dass niemand sie verlassen oder betreten konnte. Auch wenn uns die Details unbekannt sind, lassen die Maßnahmen doch einen hohen Grad an Militärorganisation und Kenntnisse im Belagerungskrieg erkennen; sie waren letztlich erfolgreich: Bourges ging in Pippins Kontrolle über.

Auf Pippin folgte sein Sohn Karl († 814), den bereits seine Zeitgenossen «den Großen» nannten. In seiner Herrschaft und den karolingischen Quellen dazu manifestierte sich der Zusammenhang zwischen militärischer Stärke und dem Aufstieg der Dynastie in besonderem Maße. Karl führte etliche erfolgreiche und in den ersten Jahrzehnten seiner Herrschaft bis 800 expansive Kriege, welche das Frankenreichreich beträchtlich vergrößerten und seine Stellung als König festigten. Dabei agierte er zunächst gegen die gleichen Gegner wie sein Vater: Aquitanien und das Langobardenreich wurden dem fränkischen Königtum unterworfen. Es folgten Kriegszüge in Süditalien, gegen Bayern und die Awaren, die in der pannonischen Tiefebene entlang der Donau siedelten. Diese Kämpfe waren durch ein hohes Maß an Planung, Koordination und Vorbereitung geprägt. So drangen etwa 791 verschiedene fränkische Heere gleichzeitig gegen das Reich der Awaren vor; Karl befehligte die Truppen, die von Regensburg aufbrachen, sein Sohn Pippin ein Heer, das von Norditalien aus operierte. Auch auf religiöser Ebene waren die Vorbereitungen akribisch. Vor dem Überschreiten der Enns, welche die Grenze zum Reich der Awaren markierte, wurde in einer drei Tage dauernden Prozession Gottes Hilfe für den Kriegszug erbeten. Darüber hinaus ordnete Karl Gebete nicht nur im Heer, sondern im ganzen Frankenreich an. Der Kriegszug gegen die nicht-christlichen Awaren wurde religiös und als Vergeltung für deren Angriffe auf Kirchen und Klöster begründet. Der Feldzug von 791 war nicht erfolgreich, weil das Heer der Awaren den anrückenden Franken auswich und die Schlacht vermied. Ungeschlagen, aber sieglos musste Karl sich zurückziehen. In den folgenden Jahren intensivierte er die infrastrukturellen Maßnahmen für kommende Aktionen. Unter anderem ließ er die *Fossa Carolina* anlegen, einen Kanal zwischen Main und Donau, der die Nachschubwege verkürzen sollte. Reste dieses niemals vollendeten Bauwerks sind noch heute im Altmühltal zu sehen und belegen das logistische Verständnis und die Möglichkeiten im Frankenreich des 8. Jahrhunderts. Das Awarenreich geriet 795 in fränkische Abhängigkeit, als innere Konflikte einige Mitglieder der Führungsschicht zur Unterwerfung veranlassten. Sie wurden getauft, und fränkische Verbände konnten die Hauptstadt des Reiches einnehmen und plündern. Der erbeutete Schatz war enorm und wurde von Karl unter den Großen des Reiches verteilt. Dieser Krieg wurde zwar letztlich nicht durch einen direkten militärischen Sieg gewonnen, war aber für die Franken sehr lukrativ.

Die Aussicht auf Beute und persönliche Bereicherung war ein wesentlicher Anreiz zur Kriegsteilnahme, egal ob diese freiwillig erfolgte oder nicht. Für die Anführer – wie die karolingischen Könige – war die Verteilung von Beute ein wichtiges Privileg und Herrschaftsmittel. Hier sehen wir eine Entwicklung von der frühen Merowingerzeit, in der König Chlodwig seine Ansprüche auf ein Beutestück nicht gegen die überkommenen Traditionen durchsetzen konnte, bis zu Karl dem Großen, der selbständig über den Schatz der Awaren verfügte. Tributzahlungen militärisch bezwungener Völker waren gleichfalls eine Einnahmequelle für das Königtum. Die Bedeutung dieser Einkünfte hing dabei nicht nur mit ihrer Höhe zusammen. Die Aussicht auf Beute wirkte sich auch jenseits von Kostenrechnungen positiv auf die Bereitschaft zur Kriegsteilnahme aus, und Tributzahlungen funktionierten als politisches Symbol. Gewichtiger als die absolute und relative Höhe von Beute und Tribut ist ihr Zusammenhang mit Erfolg und Art der Kriegführung. Expansive Aktionen in wohlhabenden Gebieten, die mit vergleichsweise wenig Risiko und hoher Aussicht auf Erfolg durchgeführt werden konnten, versprachen reiche Beute. Damit ist ein Großteil der Kriege bis zum Jahr 800 beschrieben. Die karolingischen Heere waren ihren Opponenten weitgehend überlegen und konnten Aktionen oftmals ohne große Verluste durchführen. Die Folge waren umfangreiche territoriale Gewinne, große Beute und ein hoher Prestigegewinn für die kriegführenden Könige – an erster Stelle Karl den Großen.

Es gab aber auch andere Kriegsszenarien und Rückschläge. Die wohl berühmteste Niederlage für Karl den Großen war die von Roncesvalles im Jahr 778. Auf dem Rückmarsch eines mehr oder weniger erfolglosen Kriegszuges gegen Saragossa im muslimischen Spanien wurde die Nachhut des fränkischen Heeres von Basken angegriffen und vernichtet. Einige fränkische Quellen verschweigen diese Niederlage, andere nennen die Namen von drei gefallenen Anführern, darunter Markgraf Roland. Dies verweist darauf, wie schwerwiegend die Niederlage war, und legte den Grundstein für ihre spätere Rezeption. Im Rolandslied wurde die Tapferkeit der christlichen Helden im Kampf gegen die Heiden besungen und ihr Tod als Martyrium gedeutet. Roncesvalles war ein asymmetrischer Kampf, in dem die Gegner der Franken sich das Gelände zu Nutze machten, und die fränkischen Truppen ihre Überlegenheit an Ausrüstung, Truppenstärke und Kampfkraft nicht ausspielen konnten.

Ähnliches sehen wir bei der langwierigsten Auseinandersetzung, die Karl der Große führte: den Kriegen gegen die Sachsen. Sie begannen im Jahr 772 mit einem offensiven Feldzug, der ganz im Sinne der fränkischen Strategie und Überlegenheit verlief. Die Truppen drangen in das sächsische Gebiet ein, eroberten die Eresburg, einen sächsischen Zentralort, nahmen Geiseln und zerstörten die Irmisul, ein wichtiges Heiligtum. Damit machte Karl deutlich, dass der Krieg gegen die Sachsen auch eine religiöse Dimension und neben der Eroberung ihres Gebietes auch ihre Christianisierung zum Ziel hatte. In dieser Auseinandersetzung zeigte sich aber relativ schnell, dass die etablierten Formen von Kriegführung nicht zu einem Erfolg führten. Bis zur endgültigen Unterwerfung der Sachsen sollte es bis 804 dauern. Die erprobten Mittel der Eroberung – wie die Einnahme von befestigten Plätzen oder der Sieg in einer Feldschlacht – verfingen nicht mit dem erwünschten Ergebnis. Die Herrschaftsstrukturen der Sachsen unterschieden sich von denen anderer Gegner der Franken; es gab keinen König, keine Hauptstadt und keine ausdifferenzierten sozialen Strukturen, welche die Franken zum Ziel ihrer militärischen Aktionen machen konnten. Außerdem kämpften die Sachsen auf dem ihnen vertrauten Gebiet in einer Guerilla-Taktik und boten den Franken so kaum Ansatzpunkte für ihre Militärmacht. Vor diesem Hintergrund lassen sich die Sachsenkriege als ein steter Versuch der Franken verstehen, ihr strategisches Repertoire zu erweitern und anzupassen. Dazu gehörten auch ein sehr brutales Vorgehen und Zwangsumsiedlungen. Die Sachsen ihrerseits nutzten immer wieder die Abwesenheit fränkischer Truppen und plünderten fränkisches Gebiet. 782 kam es zu einer der wenigen Feldschlachten in diesem Konflikt: Am Süntel (südwestlich von Hannover) unterlagen fränkische Truppen den Sachsen. Aus zeitgenössischen Schilderungen lernen wir, dass die Franken einen Angriff von zwei Seiten geplant hatten. Die Anführer eines der beiden fränkischen Kontingente befürchteten aber, der Ruhm des Sieges könnte der anderen Abteilung zufallen, und griffen vorzeitig an. Dabei trieben sie ihre Pferde zu Höchstleistungen an, um als Erste auf den Feind zu treffen. Die Sachsen hingegen blieben diszipliniert und siegreich. Hier sehen wir ein beträchtliches Verständnis für strategische Maßnahmen – der koordinierte Angriff zweier Abteilungen – und das Vertrauen in die eigenen Fähigkeiten, diesen auch umsetzen zu können. Dem stand das Verlangen einzelner Anführer und Kämpfer gegenüber, sich persönlich zu profilieren. Das Streben nach Ruhm führte auf strategischer und taktischer Ebene zu einem Verhalten, welches das persönliche Prestige über den militärischen Erfolg stellte. Die Reaktionen Karls des Großen auf diese Niederlage waren dramatisch: Er führte eine Strafaktion in Sachsen durch und ließ bei Verden an der Aller wahrscheinlich 4500 Männer an einem Tag hinrichten. Dies führte zunächst zu einer Eskalation des Krieges, den die Franken erst nach erheblichem Aufwand mit der Eingliederung des sächsischen Gebietes in das Frankenreich beenden konnten.

Das Jahr 800 sah die Krönung Karls in Rom zum ersten Kaiser des lateinisch-westlichen Mittelalters. Auch im Zusammenhang mit den Kriegen der Karolinger stellt dieses Jahr eine Zäsur dar. Im 9. Jahrhundert führten sie keine offensiven Aktionen gegen ihre Nachbarn mehr durch, sondern agierten defensiv in der Reichsverteidigung oder kämpften untereinander um die Vorherrschaft. Dies brachte es mit sich, dass die Kriege gefährlicher, verlustreicher und weniger lukrativ wurden. Abwehrkämpfe brachten kaum Beute, Bürgerkriege weniger Prestige. Die Nachfahren Karls des Großen konnten nicht an den kriegerischen Ruhm ihrer Vorgänger anschließen, sein Sohn Ludwig der Fromme († 840) führte in seiner Regierungszeit persönlich keine Truppen mehr ins Feld. Dessen Söhne wiederum kämpften erbittert um Herrschaftsanteile. Dieser Bruderkrieg führte 841 zur Schlacht von Fontenoy, in der die Truppen Lothars I. († 855) denen seiner Brüder, Ludwigs des Deutschen († 876) und Karls des Kahlen († 877), unterlagen. In diesem Kampf fielen zahlreiche Franken, weswegen er von Zeitgenossen und nachfolgenden Generationen als Blutzoll des karolingischen Adels und ein Faktor im Untergang des Reiches verstanden wurde. In der Ausdeutung dieses Kampfes sehen wir aber ein Muster, das für das ganze Mittelalter typisch ist. Die siegreiche

Partei deutete ihren Erfolg als Gottesurteil und damit als Beweis dafür, dass die eigene Sache die gerechte und der Sieg Gottes Willen war. Dies diente in diesem Bruderkrieg auch dazu, dem als sündhaft verstandenen Töten christlicher Glaubensbrüder eine positive Deutung entgegenzustellen. Zu diesem Zweck hielten die Sieger auf dem Schlachtfeld auch eine Synode ab. Fontenoy war keine Entscheidungsschlacht, nach der alle politischen Konflikte gelöst waren; dennoch bereitete die Schlacht den Weg zur Aufspaltung des Frankenreiches in einen östlichen und einen westlichen Teil und damit auf lange Sicht in Deutschland und Frankreich.

Neben den innerfränkischen Kriegen waren Abwehrkämpfe gegen auswärtige Feinde in der Kriegführung des 9. Jahrhunderts zentral, vor allem gegen die Normannen. Diese griffen ab der Jahrhundertmitte immer wieder lohnende Ziele an; die Wikingerschiffe machten die Verbände sehr mobil und erlaubten ihnen, auf Flüssen auch weit ins Landesinnere vorzudringen, so wurde etwa 882 Trier geplündert. Die Normannen beschränkten sich aber nicht nur auf Raubzüge, sondern führten auch aufwändige und langwierige Belagerungen durch, so etwa 885–886, als sie mit hohem Aufwand und verschiedenen Geräten (Türmen, Rammen, Wurfgeschossen) Paris belagerten. Die Hauptlast der erfolgreichen Verteidigung trugen lokale Machthaber wie Graf Odo († 898) und Bischof Gauzlin († 886). Kaiser Karl III. († 888) rückte zwar mit einem Entsatzheer gegen die Normannen vor, vermied aber die militärische Konfrontation und erkaufte deren Rückzug, indem er ihnen Burgund zur Plünderung überließ. Dieses Vorgehen stieß bei den Zeitgenossen auf massive Kritik und stellte einen Grund für den Aufstieg Odos zum Königtum im westfränkischen Reich nach dem Tod Karls dar.

Betrachtet man die Kriegführung der Karolinger als Ganzes, sehen wir eine ganze Fülle unterschiedlicher strategischer und taktischer Maßnahmen. Diese umschlossen aufwändige Belagerungen ebenso wie Feldschlachten und Plünderungszüge. Je nach Kriegskonstellation wurden unterschiedliche Truppen eingesetzt, mal beritten, mal zu Fuß. Die eine strategische Ausrichtung oder taktische Präferenz kann man weder bei der Dynastie noch bei einzelnen ihrer Vertreter ausmachen. Grundlage für ihre langanhaltende kriegerische Erfolgsserie war die militärische Dominanz der Karolinger gegenüber ihren Gegnern. Sie konnten zahlenmäßig überlegene Kontingente ins Feld führen und militärische Entscheidungen in wechselnden Szenarien zu ihren Gunsten herbeiführen, vor allem gegen Opponenten mit etablierten Herrschaftsstrukturen. Mit einem klar definierten strategischen Ziel – wie etwa einer (Haupt-) Stadt – konnten karolingische Truppen den Gegnern lange Zeit ihren Willen aufzwingen. Mitunter war es ausreichend und zielführend, den Gegner durch eine große numerische Überlegenheit zum Einlenken zu bewegen, ohne dass es zu Kampfhandlungen kam. Dies nennt die moderne Militärgeschichte die «doctrine of overwhelming force» (Bernard S. Bachrach, *Warfare*, S. 243) und erklärt damit die oftmals eher geringen Verluste der Karolinger. Genaue Aussagen zur quantitativen Dimension frühmittelalterlicher Kriegführung sind methodisch problematisch, weil belastbare Zahlengaben fehlen und die darstellerischen Absichten die Größenangaben oftmals verzerren: Der Kampf gegen eine Übermacht wird dabei als heroisch und das Sammeln großer Truppenverbände als Ausweis von erfolgreicher Herrschaft verstanden. In diesem Sinne berichten die karolingischen Überlieferungen von großen Kontingenten ihres Helden. Ein Zugang zur Ermittlung der Truppenstärke führt über die Bevölkerungszahlen des Karolingerreiches und die Verpflichtung von Grundbesitzern, Krieger zur Verfügung zu stellen. Daraus ergibt sich, dass Karl der Große theoretisch über 100000 Mann zu den Waffen rufen konnte. Dieses Potenzial wurde zu keinem Zeitpunkt ausgeschöpft, auch weil diese Größenordnung die logistischen Möglichkeiten der Zeit überstiegen hätte. Der Versorgung von Menschen und Tieren mit Verpflegung und Material waren angesichts der Transportkapazitäten ebenso enge Grenzen gesetzt wie den Möglichkeiten, umfangreiche Truppen effizient über große Strecken zu bewegen. Diesen Problemen begegnete Karl der Große dadurch, dass er seine Heere in getrennten Abteilungen marschieren ließ. Für einzelne Heerzüge wird von einer Truppengröße von bis zu 30000 Mann ausgegangen. Damit sind die Voraussetzungen für eine Strategie der Übermacht benannt, ohne dass nachgewiesen wäre, dass Karl der Große diese Doktrin oder eine andere befolgt hätte.

Über die Rekrutierungsmechanismen in der Karolingerzeit sind wir aus diversen Gesetzen und Vorschriften aus der Zeit nach 800 gut informiert, ohne jeweils bestimmen zu können, ob und wie diese genau umgesetzt wurden. Sehr deutlich wird hier der Zusammenhang zwischen Kriegspflicht und Landbesitz. Jeder freie Franke musste nach der Größe seines Grundbesitzes gestaffelt mit einer definierten Ausrüstung zum Kriegsdienst bereitstehen. Die Besitzer kleiner Landgüter hatten sich mit anderen zusammenzuschließen, um die geforderte Mindestgröße zu erreichen, große Landgüter stellten mehrere Kämpfer. Zur Ausrüstung gehörten dabei Pferd, Schild, Lanze, Schwert, Pfeile, Bogen und Werkzeuge, wie Äxte, Bohrer, Beile und Spaten. Der Proviant für drei Monate war mitzuführen, Plünderungen und exzessives Fouragieren im eigenen Reich untersagt. Diese Regelungen zielten auf expansive Unternehmungen außerhalb des eigenen Reiches von einiger Dauer ab. Die Bandbreite an Material verweist auf die taktische Flexibilität eines Heeres, das für das Anlegen von Wällen und Gräben ebenso ausgerüstet war wie für den Kampf.

Neben diesen bei Bedarf ausgehobenen Kontingenten der Landbesitzer gab es auch eine Verpflichtung aller wehrfähigen Untertanen, das Reich zu verteidigen. Wie und ob diese umgesetzt wurde, ist aber unklar und für die vielen offensiven Kriegszüge bis 800 auch ohne Belang. Wichtiger waren hier die Kontingente aus dem unmittelbaren Umfeld des Königs, der *familia regis*. Diese waren durchgehend einsatzbereit, beritten, gut ausgerüstet und ausgebildet. Unterbringung, Sold und die Kosten für Verpflegung von Menschen und Pferden wurden vom Herrscherhof getragen. Dabei beschränkten sich die Aufgaben dieser Personengruppe nicht auf das Militärische; da sie auch in Verwaltung, Rechtspflege oder dem Botenwesen eingesetzt wurde, greift eine Bezeichnung als «Elitesoldaten» oder «Eingreiftruppe» zu kurz. Im Umfeld dieser stehenden Verbände lassen sich aber sehr wohl Bemühungen um militärische Ausbildung und Training erkennen, welche antike Traditionen aufgriffen und mit den Anforderungen der Zeit kombinierten. Hrabanus Maurus († 856), Abt in Fulda und Erzbischof von Mainz, verfasste ein Handbuch für die Ausbildung von Rekruten, in welchem er die Ausführungen von Flavius Vegetius Renatus aus dem ausgehenden 4. Jahrhundert für seine Zeit adaptierte. Hier werden das Training von Fußkämpfern mit Schild und Schwert, die Ausbildung von Reitern und ihr Einsatz mit einem Spieß in der Hand beschrieben. Der genaue Bezug dieser Ausführungen zum Kriegsgeschehen ist nicht immer klar, weil wir nicht wissen, inwieweit diese Vorschriften tatsächlich umgesetzt wurden. Die Bandbreite von taktischen Maßnahmen wird hier aber ebenso greifbar wie die große Bedeutung von Pferden für die Kriegführung. Diese waren für den Truppentransport gerade bei den expansiven Feldzügen sehr wichtig. Ihr hoher Wert zeigt sich auch in der karolingischen Gesetzgebung, die Diebstahl oder die Verletzung von Kriegspferden mit sehr hohen Strafen belegte. Dies weist nicht zwingend darauf hin, dass die karolingische Schlachttaktik auf berittenen Kämpfern basierte, sondern belegt lediglich, dass es speziell für den Krieg benutzte Pferde gab und wie wertvoll sie waren.

Karolingische Kriegführung war insgesamt von großer Professionalität und Flexibilität geprägt, sie erwies sich den meisten auswärtigen Feinden gegenüber als überlegen. Ferner sehen wir eine hohe Bedeutung des Krieges für das Königtum und die politische Entwicklung.

3. Die «Heeresverfassung» unter den Ottonen

Die Könige des ostfränkischen-deutschen Reiches mussten sich im 10. Jahrhundert mit einer auswärtigen Bedrohung auseinandersetzen, die sie zu enormen militärischen Anstrengungen und Reformen veranlasste. Ungarische Verbände zogen immer wieder plündernd durch Mittel- und Westeuropa und gelangten bis nach Spanien und in die Provence. Die Ungarn kämpften mit Pfeil und Bogen vom Pferderücken aus und stellten die Verbände der karolingischen Nachfolgereiche vor große Probleme; sie erzwangen immer wieder Tributzahlungen, mit denen die Königreiche ihren Abzug erkauften. Der italienische Chronist Liutprand von Cremona († ca. 972), der am Hof Ottos I. († 973) wirkte, berichtete über die militärischen Aktivitäten der ostfränkisch-deutschen Könige im Angesicht der Ungarn. Aus der Außenperspektive beschreibt er das Vorgehen der Könige aus dem sächsischen Haus der Ottonen. Heinrich I. († 936), der Vater Ottos, habe unter Androhung der Todesstrafe alle Männer zu den Waffen gerufen und so innerhalb von vier Tagen ein großes Heer aufgestellt. Es gebe – so Luitprand weiter – bei den Sachsen den löblichen Brauch, dass sich niemand über 13 Jahren dem Heerbann entziehen dürfe. Die Landesverteidigung oblag dem König und er konnte auf den waffenfähigen Teil seiner Untertanen zugreifen, musste diesen aber offensichtlich mit harschen Strafandrohungen zum Waffengang bewegen.

Im Jahr 926 verhandelte Heinrich mit den Ungarn einen mehrjährigen Waffenstillstand. Diese Zeit nutzte er zu dem, was Charles Bowlus etwas anachronistisch als «Militärreform» bezeichnet hat. Widukind von Corvey († nach 793), ein den Ottonen sehr gewogener sächsischer Historiograph, berichtet aus der Rückschau Folgendes: «Zunächst wählte er unter den Kriegern vom Lande (*agrarii milites*) jeden Neunten aus und ließ ihn in befestigten Plätzen wohnen, um für seine acht Genossen

Wohnungen zu errichten und den dritten Teil aller Früchte entgegenzunehmen und zu verwahren; die übrigen acht aber sollten für den Neunten säen, ernten, Früchte sammeln und sie an ihrem Platz aufbewahren.» Diese Zeilen bilden die Grundlage für zahlreiche Annahmen zum Heeres- und Herrschaftsaufbau der Ottonen und sind in der Forschung kontrovers ausgedeutet worden. Viele Details müssen auch deswegen letztlich ungeklärt bleiben, weil wir nicht genau einschätzen können, was Widukind gewusst und verstanden hat und mit welchen sprachlichen Mitteln er dies ausdrücken wollte. Deutlich wird das Bemühen König Heinrichs, die militärischen Kapazitäten durch die Art von Arbeitsteilung zu optimieren, die wir schon bei den Karolingern kennen gelernt haben. Durch Zusammenschlüsse von agrarischen Kapazitäten sollen Ressourcen für den Kriegsdienst freigesetzt werden. Befestigten Plätzen kam zur Verteidigung gegen die Ungarn eine hohe Bedeutung zu. Für ein Burgenbauprogramm unter Heinrich I. fehlen freilich archäologische Zeugnisse, so dass sich Widukinds Kommentar auch auf Fluchtburgen älteren Datums beziehen kann. Welche Gruppe genau mit dem Ausdruck *agrarii milites* gemeint war, ist umstritten. Wenn wir überhaupt von einer inhaltlich präzisen Bezeichnung ausgehen können, scheint sich diese eher auf die Funktion der Männer im Krieg als auf eine soziale Distinktion zu beziehen. Heinrich rüstete sein Land und die Burgen zum Abwehrkampf gegen die Ungarn. Dabei war er in der Wahl seiner Mittel nicht zimperlich; Widukind weiß auch zu berichten, dass er Diebe und Räuber begnadigt habe, wenn sie für den Kriegsdienst geeignet waren. Heinrich habe sie in der Vorstadt von Merseburg – also in der Grenzregion – angesiedelt und zum Kampf gegen die slawischen Nachbarvölker angeregt: *border warfare* mit gewaltkompetenten Akteuren im Dienste der Reichsverteidigung. Die Rekrutierung von begnadigten Kriminellen sehen wir in mittelalterlichen Heeren immer wieder, da sie für die kriegführenden Autoritäten kostengünstig und effizient war. Kriegsdienst war nur für die ritteradlige Elite ein Privileg, andere gesellschaftliche Schichten mussten zum Kämpfen motiviert oder gezwungen werden.

Um den Ungarn im Felde entgegenzutreten, reichten diese Maßnahmen nicht aus. Dafür brauchte Heinrich größere Kontingente berittener Kämpfer. Zum Jahr 932 vermerkt Widukind: «Da der König jetzt aber im Reiterkampf bewährte Kämpfer hatte, wollte er gegen seine alten Feinde, die Ungarn, erneut streiten.» Wir können nicht genau erfassen, wie Heinrich diese berittenen Kontingente rekrutierte und ausbildete. In der Schlacht von Riade 933 besiegten diese aber ein wahrscheinlich deutlich größeres ungarisches Heer, was den ersten bedeutenden militärischen Erfolg der ottonischen Könige gegen diesen Feind darstellte.

Im Kontext dieser Schlacht erfahren wir auch, wie die sächsischen Truppen den Reiterkampf führten. Nach Liutprand soll Heinrich seine Truppen ermahnt haben, koordiniert zu agieren, so dass sich die Kämpfer mit ihren Schilden gegenseitig decken und den Pfeilbeschuss abwehren konnten. Nach der ersten Salve sollten sie sich im vollen Galopp auf die Feinde stürzen, um sie vor der zweiten mit den Schwertern zu bekämpfen. Die Kampfweise wurde offensichtlich auf den Gegner abgestimmt und gruppendienliche Disziplin dem Ruhmstreben der Individuen vorgezogen. Heinrich soll explizit angeordnet haben, dass diejenigen mit den schnelleren Pferden nicht vorauseilen sollten.

Diszipliniertes Vorgehen war auch wesentlich für den zweiten großen Erfolg, den ein ottonischer König gegen die Ungarn errang: den Sieg Ottos I., des Großen, auf dem Lechfeld im Jahr 955. Die Ungarn belagerten die Stadt Augsburg, und Otto zog aus allen Teilen seines Reiches Truppen zusammen, um die Stadt zu entsetzen und die Ungarn in einer Schlacht zu bekämpfen. Die Quellen zur Schlacht erzählen alle aus einer pro-ottonischen Perspektive und überhöhen die Taten des Königs und seiner Krieger. Interessanterweise betont etwa Widukind von Corvey in diesem Zusammenhang, dass Ottos Heer aus Abteilungen – Widukind nennt sie in Anlehnung an antike Vorbilder «Legionen» – aller Reichsteile bestand: Schwaben, Franken, Bayern und Böhmen kämpften gemeinsam unter dem Sachsen Otto. Dies belegt nicht nur die integrative Wirkung, welche Widukind der Schlacht und dem König zuschreibt, sondern lässt auch Einblicke in die Heeresstrukturen zu. Die Verbände agierten in der Schlacht in ihrer landsmännischen Zusammensetzung. So bildeten etwa die drei «Legionen» der Bayern unter ihrem Herzog Heinrich die Vorhut, die Böhmen die Nachhut. Nicht Bewaffnung oder Kampfweise, sondern Herkunft und Rekrutierungskontext entschieden über die Aufteilung der Truppen. Dies war für viele mittelalterliche Kriegsszenarien typisch.

An der Spitze dieses multiregionalen Heeres errang Otto einen militärischen Erfolg, der vor allem in der deutenden Rückschau und Herrschaftspropaganda zum Grundstein für das Kaisertum und den Aufstieg des römischen-deutschen Reiches zur europäischen Vormacht wurde. Die Einfälle der Ungarn kamen zum Erliegen, auch wenn dies nicht nur auf den Sieg Ottos zurückgeführt werden kann. Wir sehen hier mittelalterliche Heerführer persönlich am Kampfgeschehen beteiligt, zumindest im Ideal der Chronistik. Der fränkische Herzog Konrad kam auf dem Schlachtfeld ums Leben, als er seinen Panzer aufschnürte, um sich Abkühlung zu verschaffen, und von einem Pfeil getroffen wurde. Die schwere Panzerung bot Schutz, beeinträchtigte ihre Träger aber mitunter erheblich. König Otto selbst soll sich als «tapferster Krieger und als bester Feldherr» (Widukind von Corvey) gezeigt haben. Noch auf dem Schlachtfeld rief das Heer ihn nach Widukind zum Vater des Vaterlandes und Kaiser aus. Erfolg im Krieg – zumal gegen Heiden – war im ganzen Mittelalter unmittelbar mit Herrschaftsanspruch verbunden.

Otto I. wurde 962 in Rom zum Kaiser gekrönt, was die Könige des ostfränkisch-deutschen Reiches für das ganze Mittelalter mit Italien und Rom verband, auch im Sinne einer militärischen Herausforderung. Der Anspruch auf die Kaiserkrone und die zum *regnum* gehörenden Teile der italienischen Halbinsel musste immer auch mit kriegerischen Mitteln durchgesetzt werden. Diese offensiven Feldzüge folgten anderen Rekrutierungslogiken als die Reichsverteidigung gegen die Ungarn. Zu 981 ist uns ein Dokument überliefert, das uns einen einmaligen und zufälligen Einblick in die Heeresverfassung der Italienzüge gibt. Im sogenannten *Indiculus loricatorum* sind die berittenen, gepanzerten Krieger verzeichnet, die einige weltliche und geistliche Fürsten dem in Italien kämpfenden Kaiser Otto II. († 983) als Verstärkung zuführen mussten. Insgesamt sind 2090 gepanzerte Reiter aufgeführt; so mussten etwa die Erzbischöfe von Köln und Mainz je 100 schicken und der Abt von Lorsch 50 nach Italien führen. Die Verpflichtung, Reiter zu stellen oder in Person anzuführen, erwuchs aus den lehnsrechtlichen Bindungen der Reichsfürsten an ihren König und ist Teil dessen, was man Feudalisierung des Kriegswesens nennt. Die Kontingente wurden von den adligen Herrschaftsträgern ausgehoben, und aus diesen Rekrutierungskontexten ergaben sich auch die Marschordnung und die Kampfverbände. Die Liste zeigt, dass diese Lehnstruppen nicht nur für die offensive Kriegführung, sondern auch für die Landesverteidigung eingesetzt wurden: Herzog Karl von Niederlothringen wurde als «Wächter des Vaterlandes» nach Hause entlassen und musste (nur) 20 Reiter schicken. Diese Kämpfer, die in der Forschung als «Panzerreiter» bezeichnet werden, wurden sicherlich von Fußtruppen begleitet; die Konzentration des *Indiculus* auf die *loricati* zeigt aber eindeutig deren gesellschaftliche, rechtliche und militärische Bedeutung.

Die hier vorgestellten Angaben zu den Lehnskontingenten bringen uns zu der Frage, wie groß die Heere der Ottonen waren und damit zu einem vieldiskutierten Problem der mediävistischen Militärgeschichte. Bei den Angaben zur Heeresstärke stößt die moderne Forschung oftmals an ihre Grenzen, weil die mittelalterlichen Quellen hierzu nur selektiv und oftmals verzerrt Auskunft geben. Wenn in diesem Buch Angaben zu Truppenstärken gemacht werden, sind dies immer Näherungswerte, da wir die exakten Zahlen nicht kennen. Zwei Größen interessieren die Forschung in diesem Kontext: das Rekrutierungspotenzial eines Herrschaftsbereiches und die Truppenstärke auf einem bestimmten Feldzug. Konkrete Angaben liefern die Quellen nur zum zweiten Aspekt und dann oftmals unzuverlässig und wertend. Sie als Ausgangspunkt für die Berechnung von Truppenstärken zu nehmen – und etwa immer kleiner zu rechnen – ist methodisch fragwürdig. Oftmals ist ein verlässlicher Bezug zwischen den historiographischen Zahlen und der tatsächlichen Heeresstärke gar nicht anzunehmen, weil die Chronisten die

Zahlen nicht kennen oder nicht tradieren wollen. Uns bleiben Rückschlüsse auf der Grundlage von Plausibilitätsüberlegungen und den wenigen Einblicken, wie sie etwa der *Indiculus loricatorum* liefert. Leitend ist dabei oftmals der Vergleich mit antiken, spätmittelalterlichen und frühneuzeitlichen Heeren, über die wir auf Grund der Quellenlage – etwa Verwaltungsschriftgut – besser informiert sind. Gerade verglichen mit antiken und frühneuzeitlichen Heeren erscheinen die mittelalterlichen dann eher klein. Dies verweist auf diachrone Veränderungen im obrigkeitlichen Zugriff und in den Rekrutierungsmechanismen, sagt aber über die Kriege des frühen und hohen Mittelalters eher wenig aus. Ein Weg, um das Mobilisierungspotenzial einer Region zu erschließen, besteht darin, von der Größe des Gebiets oder der Einwohnerzahl auf die Anzahl der waffenfähigen und bewaffneten Männer rückzuschließen. Dies kann nur zu Näherungswerten führen, weil weder die Einwohnerzahlen noch die Relationen Einwohner/Kämpfer oder Landfläche/Kämpfer eindeutig zu ermitteln sind. Der *Indiculus* gibt uns einen Einblick zu den berittenen Verbänden der gepanzerten Reiter, die als Verstärkung für einen Kriegszug nach Italien beordert wurden. Damit wissen wir noch nicht, wie groß der ganze Verstärkungsverband war; zum einen ist nicht belegt, ob alle festgehaltenen Anforderungen erfüllt wurden, zum anderen können wir nur schätzen, wie viele Fußtruppen und Trossknechte die Reiter begleiteten. Ausgehend von den vorliegenden Zahlen schätzt Karl Ferdinand Werner das Mobilisierungspotenzial des ganzen ottonischen Reiches nördlich der Alpen auf 9–10 000 Reiter, von denen 981 etwa 7–8000 mit Otto in Italien gekämpft hätten, begleitet von 11–12 000 weiteren Kämpfern. Diese Zahlen vermitteln einen ungefähren Eindruck von der offensiven Leistungsfähigkeit des ottonischen Königtums, sind aber geschätzte Näherungswerte. Mit diesen Kämpfern erlitt Kaiser Otto II. im Juni 982 eine verheerende Niederlage in Süditalien gegen muslimische Verbände und entkam selber nur knapp. Die Verluste seines Heeres werden in der zeitgenössischen Chronistik auf 4000 Mann geschätzt.

Diese hohen Verlustzahlen waren ein Grund dafür, dass offene

Feldschlachten (*bella publica*) in der mittelalterlichen Kriegführung weniger dominierend waren als andere Kriegsformen, wie Kämpfe um befestigte Plätze oder Plünderungszüge. Die Konzentration der zeitgenössischen Geschichtsschreiber auf Schlachten lag in deren Unterhaltungswert und Darstellungspotenzial begründet und verzerrt die Wirklichkeit eines Krieges, dessen Alltag oftmals weniger spektakulär war, als die Erzählungen glauben machen wollen.

Militärische Befestigungen – ummauerte Städte oder Burgen – waren strategisch und politisch für die Kontrolle von Herrschaftsgebieten bedeutend und als potenzielle Beuteziele ökonomisch attraktiv. Sie standen daher im Zentrum militärischer Aktionen und waren für die Verteidigung von Herrschaften und den Schutz der Bevölkerung entscheidend. Dies wird besonders in umkämpften Grenzregionen und in Krisenzeiten deutlich, wie sich an den Schutzburgen der Ottonen an der Ostgrenze des Reiches zeigt. Diese Anlagen fungierten zum einen als Fluchtburgen im Falle eines Angriffs und dienten damit eher dem temporären Schutz der Menschen als der dauerhaften Sicherung des Raumes. Auf diese Funktion bezieht sich die oben angeführte Aufgabenteilung der *agrarii milites*, die Ernteerträge in Sicherheit bringen und die Anlagen in Stand halten sollten. Andere Formen von Besatzungen lassen auf andere Funktionen der Burgen schließen. Unter Otto III. († 1002) ging die Arneburg – im heutigen Sachsen-Anhalt am Westufer der Elbe – verloren, weil die zum Schutz abgestellten Kontingente die Anlage nicht kontinuierlich besetzt hielten. Erzbischof Giseler von Magdeburg († 1004), dem die Burg von König Otto für vier Wochen anvertraut worden war, rückte ab, bevor seine Ablösung unter Markgraf Lothar († 1003) eintraf. Diese Episode belegt die Bedeutung und aktive Rolle kirchlicher und weltlicher Magnaten bei der vom König organisierten Landesverteidigung und die Schwäche des Systems. Dem Monarchen standen keine eigenen Verbände in ausreichender Menge zur Verfügung, um alle Burgen besetzen zu können. Kämpfe um befestigte Plätze wurden nicht nur von königlichen oder adligen Kontingenten durchgeführt; in diese Form des Krieges waren oftmals auch die Anwohner involviert. 1015 belagerte ein polnisches Heer die Burg Meißen, zu deren Verteidigung Kaiser Heinrich II. († 1024) Markgraf Hermann († 1038) abgestellt hatte. Thietmar von Merseburg († 1018) berichtet von der Verteidigung: «Da warf sich Graf Hermann beim Anblick seiner wenigen, schon ermatteten Helfer nieder und erflehte Christi Erbarmen und seines ruhmreichen Märtyrers Donat heilige Fürsprache; dann rief er auch die Frauen zu Hilfe auf, sie eilten in die Verteidigungswerke, trugen den Männern Steine zu, löschten den angelegten Brand aus Wassermangel mit Met und dämpften dadurch, Gott sei Dank, des Feindes Wagemut.» Die Dramatik der Situation wird durch den Hinweis auf Wassermangel, Met und die Verteidigungsleistung der Frauen illustriert. In der Burg befanden sich nicht nur wehrfähige Männer, und in der Krisensituation einer Belagerung mussten sich alle Einwohner an der militärischen Verteidigung beteiligen. Gleichzeitig zeigt das Zitat die große Bedeutung des Christentums für den Krieg und seine Ausdeutung: Der Erfolg der Verteidiger wird letztlich Gottes Eingreifen zugeschrieben.

4. Ritterideal und technische Neuerungen: Die Kriege des 11.–12. Jahrhunderts

Die Schlacht von Hastings am 14. Oktober 1066 entschied den Kampf zwischen Herzog Wilhelm von der Normandie († 1087) und König Harald († 1066) um die englische Krone. Der Sieg machte Wilhelm zum Eroberer und der Tod Haralds die Schlacht zu einer der wenigen Entscheidungsschlachten des Mittelalters. Die Quellenlage ist exzeptionell und erlaubt uns etliche Einblicke in militärische Details. Der Teppich von Bayeux erzählt auf knapp 70 Metern die Geschichte der Eroberung in Wort und Bild. Er ist damit unsere wichtigste Quelle zur militärischen Ausrüstung im 11. Jahrhundert. Berittene und Fußkämpfer tragen Kettenhemden, die von einer Kapuze am Kopf bis zum Oberschenkel reichen. Solche Hemden dienten seit der Antike als Körperschutz; das Herstellungsprinzip blieb über die Jahrhunderte ziemlich konstant: Ineinander geschmiedete Eisenringe boten Schutz und Flexibilität, waren aber relativ schwer. Die Kämpfer tragen dazu beinahe mannshohe, spitzovale Schilde und spitz zulaufende Helme mit einem Nasenschutz. Gekämpft wurde mit Schwertern, Äxten, Pfeil und Bogen und Speeren, welche von Reitern und Fußkämpfern geworfen wurden.

Hastings belegt die hohe militärische Bedeutung von Reitertruppen, die hier von den Normannen erfolgreich eingesetzt wurden. Die Annahmen einer älteren Kriegsforschung, die in mittelalterlichen Schlachten wenig mehr sah als das planlose Aufeinandereinschlagen affektgetriebener Kämpfer, werden durch jüngere Forschungen – wie etwa zur Schlacht von Hastings – widerlegt. Hier standen sich zwei kompetente Feldherren gegenüber, die klare taktische Konzepte und ausgebildete Truppen hatten, um ihre Vorstellungen umzusetzen. Haralds Fußtruppen agierten lange Zeit diszipliniert in einer defensiven Position auf

Abb. 3: Eine Szene aus dem Teppich von Bayeux zur Schlacht von Hastings (1066). Von links reiten Normannen gegen die zu Fuß kämpfenden Engländer an. Die untere Borte zeigt Tote, die obere Fabelwesen. Details der Ausrüstung (Helme, Kettenhemden, Sättel, Schilde) sind gut zu erkennen.

einem Hügel, Wilhelms Reiter griffen mehrfach bergauf an. Sie agierten mit großer taktischer Disziplin und führten offenbar ein komplexes Manöver durch: die vorgetäuschte Flucht. Hierbei zogen sich die Reiter als Gruppe zurück, um dann die nachsetzenden Gegner anzugreifen. Dies machte mehrere, koordinierte Schwenks erforderlich, bei denen die Formation gehalten werden musste. Das Manöver veranlasste die angelsächsischen Fußtruppen, ihre geschlossene Position auf einer Hügelkuppe aufzugeben. Diese Taktik ist in der mittelalterlichen Kriegsgeschichte mehrfach belegt und zeigt den Ausbildungsstand der Kämpfer und die taktischen Möglichkeiten zeitgenössischer Kommandeure.

Beide Feldherren nahmen aktiv an der Schlacht teil: Wilhelm führte seine Reiter persönlich an. Ihm wohlgesonnene Chronisten berichten, dass die Normannen zu fliehen begannen, als sie ihren Herzog tot glaubten. Wilhelm soll seinen Helm zurückgeschoben, sich seinen Truppen gezeigt und sie zum erneuten Angriff motiviert haben. Der Zusammenhalt der Truppen hing am Anführer, das Heer war eher ein Personenverband oder ein Netzwerk und weniger eine militärische Organisation im modernen Sinne, in der die Hierarchie jedem Akteur zu jeder Zeit einen bestimmten Rang zuweist.

Dies zeigte sich auch bei den Auseinandersetzungen des römisch-deutschen Königs Heinrich IV. († 1106) mit aufständischen Kräften in seinem Reich, vor allem in Sachsen zwischen 1073 und 1088. Eine Ursache für die sächsischen Unruhen war der Bau von Burgen im Harzvorland. Diese Höhenburgen dienten der militärischen Kontrolle des Umlandes und wurden von königlichem Dienstadel (Ministerialen) besetzt, der vor allem aus Schwaben stammte und treu zum König stand. Diese Wehranlagen befanden sich an schwer zugänglichen Punkten und wurden durch diverse Zugangshindernisse – wie Vorburgen – geschützt, was sie im direkten Angriff kaum einnehmbar machte. Sie dienten nicht dem Schutz des Reiches nach außen, sondern sollten die königliche Autorität nach innen stärken. Von den Sachsen wurden sie als Okkupation verstanden. Ein 1073 überraschend vor der Harzburg auftauchendes sächsisches Heer zwang Heinrich zur Flucht und zu Verhandlungen, in denen er auch die Schleifung der Burgen zugestehen musste. Auf der Harzburg kam es dann aber zu einer Freveltat, als die Stiftskirche zerstört und die Gräber einiger Angehöriger der königlichen Familie geschändet wurden. Heinrich nutzte die Empörung hierüber für seine Zwecke und konnte zahlreiche Reichsfürsten zum Kampf gegen die Sachsen gewinnen. 1075 besiegte er bei Homburg an der Unstrut ein sächsisches Aufgebot. Hier zeigte sich der Zusammenhang von sozialer Stellung und persönlicher Bedrohung im Krieg sehr deutlich: Die berittenen sächsischen Adligen konnten mehrheitlich fliehen, die zu Fuß kämpfenden Bauern wurden zahlreich getötet. Heinrich hatte die Oberhand gewonnen, aber nicht den Krieg dauerhaft für sich entschieden. 1077 flammte der Konflikt wieder auf, auch weil Heinrich durch den sogenannten Investiturstreit mit der Kurie geschwächt wurde. Mit Rudolf von Rheinfelden († 1080) wurden ein Gegenkönig bestimmt; der sich daraus entwickelnde Thronstreit führte zu einer ungewöhnlich hohen Anzahl von Feldschlachten in kurzer Zeit: bei Mellrichstadt 1078, bei Flarchheim und an der Elster 1080. Obwohl Heinrich in allen Treffen unterlag und das Schlachtfeld räumen musste, wandte sich das Blatt zu seinen Gunsten. König Rudolf hatte an der Elster im Kampf seine rechte Hand verloren und starb wenig später an dieser Verletzung. Da er mit seiner Rechten vor seiner Wahl zum Gegenkönig Heinrich die Treue geschworen hatte, ließ sich die Art seines Tods als symbolische Strafe Gottes ausdeuten. Mit Hermann von Salm († 1088) wurde ein neuer Gegenkönig gewählt; auch er konnte sich nicht entscheidend gegen Heinrich durchsetzen, obwohl dieser im Feld erneut mehrfach Niederlagen hinnehmen musste: 1086 bei Pleichfeld und 1088 bei Gleichen. Hermann starb 1088, ohne dass sein Königtum Heinrich ernsthaft gefährden konnte. Die Serie von Schlachten und Niederlagen Heinrichs IV. belegt eindrücklich, wie wenig diese Gewaltform dazu geeignet war, dauerhafte Entscheidungen herbeizuführen.

Im Verlauf des 11. und 12. Jahrhunderts entwickelte sich ein Phänomen, das für die mittelalterliche Militärgeschichte und für die Rezeption der Epoche zentral ist: das Rittertum. Eine seiner wesentlichen Wurzeln waren die Reiterkrieger. Der mittelalterliche Krieg war zu keinem Zeitpunkt ein reiner Reiter- oder Ritterkampf, und die etlichen Hinweise auf (letzte) Ritterschlachten in der modernen Literatur nehmen sicherlich zu wenig Rücksicht auf die zahlreichen nicht-ritterlichen Kriegsakteure auf und neben den Schlachtfeldern. Sie verweisen aber zu Recht auf die zentrale Bedeutung der Ritter für wesentliche strategische und kulturelle Aspekte mittelalterlicher Kriege. Die Darstellung vieler zeitgenössischer Autoren ist von ritteradligen Wertvorstellungen geprägt, so dass Ritter in ihren Erzählungen eine prominente Rolle spielten. Dies ist in erster Linie auf ihren hohen sozio-kulturellen Stellenwert zurückzuführen, der nicht immer, aber oftmals, deckungsgleich mit ihrer strategischen oder taktischen Rolle im Krieg war. Beides war aufeinander bezogen: Militärische Führungsfunktionen waren an sozialen Vorrang gebunden, politischer Einfluss mit militärischem Potenzial verknüpft.

Das Rittertum war ein vielschichtiges und facettenreiches Phänomen, bei dessen Erforschung noch nicht in allen Aspekten

Einigkeit erzielt worden ist. Es gilt vor allem, die militärische Wirklichkeit von modernen Klischees und mittelalterlichen Idealvorstellungen zu unterscheiden. Seit dem 11. Jahrhundert entstanden zahlreiche Erzählungen, Romane und Gedichte rund um das Thema, die eine Welt voller Helden, Wertvorstellungen und Ideale präsentieren. Diese verdichteten sich im Laufe der Zeit so weit, dass schließlich «die erste eigenständige Laienkultur im nachantiken Europa» (Joachim Ehlers, *Ritter*, S. 8) entstand. Diese kreiste um Werte wie Tapferkeit, Treue, Ehre, Freigiebigkeit und höfisches Verhalten und war immer eng an die kriegerische Funktion der Ritter geknüpft. Ritter (französisch *chevaliers*) waren Reiter-Krieger, deren Stellung auf dem Kampf zu Pferd (französisch *cheval*) basierte. Seit der Karolingerzeit hatte die Bedeutung dieser Kämpfer zugenommen. Da sie von oben nach unten und mit dem Momentum der Pferdebewegung kämpften, waren sie in taktischen Belangen Fußkämpfern oftmals überlegen – wie bei Hastings. Darüber hinaus konnten berittene Kontingente effizienter große Strecken zurücklegen und über Distanzen agieren, die für Fußtruppen nur schwer zu bewältigen waren. Pferde und die zum Reiterkampf gehörende Ausrüstung waren teuer, und so beförderte das Reiterkriegertum den Zusammenhang zwischen sozialer Stellung und der Möglichkeit, Krieg zu führen. Dieser Konnex blieb über das ganze Mittelalter hinweg konstant und fand seinen Ausdruck immer wieder im für das Rittertum entscheidenden Pferd. Das Mittelalter war eine Pferde-Gesellschaft (Ralph Davis, *Warhorse*, S. 18: «horsy society»): Die Tiere waren für den Transport vor allem von Menschen in unterschiedlichen Kontexten – wie Handel, Jagd, Pilgerfahrt oder Krieg – allgegenwärtig, und es wird immer wieder ersichtlich, dass viele Menschen über einen hohen Pferdesachverstand verfügten. Man konnte Wert, Alter und Konstitution einschätzen, wodurch diese Eigenschaften für soziale Distinktionen nutzbar wurden. Pferde fungierten auch als Statussymbol, zur Abgrenzung sozialer Gruppen – Reiter versus Fußgänger – und innerhalb der Reiterschaft. Dies bezog sich etwa auf das Geschlecht der Tiere – Ritter saßen auf Hengsten, Priester und Frauen auf Stuten – und ihren Preis: Ein ausgebildetetes Kriegspferd konnte 800-mal mehr kosten als ein einfaches Arbeitspferd. Kriegspferde wurden speziell für den Einsatz im Kampf gezüchtet und ausgebildet; sie mussten kräftig genug sein, um Reiter und Ausrüstung zu tragen, und schnell genug, um beim Angriff die erforderliche kinetische Energie zu erzeugen. Diese Tiere waren zu wertvoll, um für den Transport der Ritter eingesetzt zu werden. Daher gehörten zur Ausrüstung eines Ritters mindestens drei Pferde: neben dem Kriegspferd ein Reit- und ein Transportpferd. Das Kriegspferd war der mit Abstand teuerste Bestandteil der ritterlichen Ausrüstung. Daher behielten die Pferde ihre Bedeutung für die Ritterschaft auch jenseits ihres taktischen Wertes immer bei. Ritter kämpften nicht immer zu Pferd, sondern passten ihr taktisches Vorgehen der jeweiligen Situation an. Ritter führten aber immer Pferde mit sich, und ihr Status blieb mit dem Tier verbunden. Der mittelalterliche Adel war ein Reiteradel.

Kriegspferde waren die einzigen Tiere, die im Mittelalter eigens für den Krieg gezüchtet wurden. Im 12. Jahrhundert ist erstmals die Bezeichnung *dextrarius* belegt, welche entweder auf die rechte Hand (*manus dextra*) des pferdeführenden Knappen oder das Ausgreifen der Pferde nach rechts verweist, welches der Angriff mit eingelegter Lanze erforderlich machte. Im Verlaufe des 12. Jahrhunderts hatte sich die Kampfweise der Ritter verändert: Die Lanze wurde nicht mehr – wie bei Hastings – geworfen, sondern als Stoßwaffe eingesetzt. Dazu wurde sie unter dem rechten Arm fixiert und links am Pferdekopf vorbeigeführt. Am linken Arm befand sich der Schild, der Zügel wurde mit der linken Hand gehalten oder das Pferd nur mit den Beinen geführt. So übertrug sich die Bewegungsenergie von Pferd und Reiter auf die Lanzenspitze. Diese Kampfweise basierte auf dem Zusammenspiel einer Reihe technischer und sozialer Entwicklungen, die teilweise weit ins Frühmittelalter zurückreichten: Steigbügel waren in Lateineuropa spätestens seit dem frühen 8. und Hufeisen seit dem 9. Jahrhundert bekannt. Erst das Zusammenspiel von Steigbügel, Hufeisen, hohem Sattel, welcher dem Reiter Halt verlieh, sozialem Status und Ausbildungsmöglichkeiten führten dazu, dass eine neue Kampftechnik entstehen konnte. Die Wucht des Aufpralls eines Lanzenreiters war schon im Mittelalter legendär; die byzantinische Prinzessin Anna Komnene († ca. 1154) berichtet über die lateineuropäischen Ritter auf dem ersten Kreuzzug, dass sie «ein Loch in die Mauern von Babylon» schlagen könnten. In Schlachtschilderungen lesen wir mitunter, dass die Reihen des Gegners von Rittern durchritten und zur Auflösung gebracht wurden. Der Kampf mit eingelegter Lanze ist in Illustrationen gut belegt, lässt sich aber nur selten in konkreten Kriegssituationen nachweisen. Die hohe Bedeutung der Ritter lag denn auch nicht in dieser Durchschlagskraft allein begründet, zumal diese nur unter speziellen Bedingungen – wie entsprechender Geländebeschaffenheit und taktischem Verhalten des Gegners – zum Tragen kam.

In Ergänzung zur taktischen Überlegenheit war die Verbindung von sozialer Stellung und politischem Einfluss maßgeblich für die Dominanz der Ritter auf und neben den Schlachtfeldern. Hier verbanden sich die Ansprüche, die sich aus dem taktischen Einsatz ergaben, mit den Möglichkeiten der kriegeradligen Elite. Der Kampf zu Pferd mit der Lanze oder mit dem Schwert war kompliziert und trainingsintensiv. Die Ausbildung zum Ritter begann schon im Knabenalter und setzte ökonomisches Potenzial voraus. In diesem Sinne kann man die Ritter als Berufskrieger oder professionelle Kämpfer bezeichnen, weil sie die einzigen militärischen Akteure des Mittelalters waren, die speziell für den Kriegseinsatz ausgebildet waren und deren Lebensform darauf ausgerichtet war. Auf Bischof Adalbero von Laon († 1030/31) geht ein dreistufiges Gesellschaftsbild zurück, in dem die Kleriker beten (*oratores*), die Bauern arbeiten (*laboratores*) und die Adligen kämpfen (*bellatores*). Der Kriegeradel bezog seine gesellschaftliche Vorrangstellung daraus, dass er die anderen Gruppen schützte – mit Waffengewalt. Im Unterschied zur Karolingerzeit ist hier kein Platz mehr für Bauernkrieger, wir sehen vielmehr eine Abgrenzung entlang funktionaler Zuschreibungen. Auch wenn dies nicht bedeutet, dass Bauern (oder Handwerker) und Kleriker nicht als Kämpfer an Kriegshandlungen teilgenommen haben, so verengte sich die soziale Privilegierung durch Kriegseinsatz doch auf den Ritteradel.

Das mittelalterliche Rittertum erscheint heute unter anderem deswegen so komplex, weil sich kulturelle, soziale und militärische Aspekte überschnitten. Die Ritterhelden der Artusromane, die im 12. Jahrhundert in Frankreich entstanden (Chrétien de Troyes, † um 1190) und bald vorbildhaft für die deutsche Dichtung wurden (Hartmann von Aue, † Anfang 13. Jahrhundert, oder Wolfram von Eschenbach, † um 1220), waren keine Abbilder der im Krieg kämpfenden Ritter. Die Ansprüche der hohen Minne entsprachen kaum dem Ehealltag des hohen Mittelalters. Für taktischen Einsatz und Effizienz im Krieg waren Bewaffnung und Ausbildung entscheidender als sozialer Status. Die Kampfweise eines gepanzerten Reiters mit Lanze und Schwert hing nur sehr bedingt davon ab, ob er zum Ritter geschlagen worden war. Etliche Aspekte der ritteradligen Kultur entfalteten ihre Bedeutung in der politischen Kommunikation der adligen Führungselite – wie etwa beim Mainzer Hoftag zu Pfingsten 1184. Kaiser Friedrich I. Barbarossa († 1190) inszenierte die Schwertleite seiner beiden Söhne, König Heinrich († 1197) und Herzog Friedrich († 1191), als aufwändige Festivität mit zahlreichen Teilnehmern. Ritterliches Zeremoniell bot hier den Hintergrund für Herrschaftsrepräsentation.

Trotz aller soziokulturellen Ausdifferenzierung bestand immer ein Zusammenhang zwischen dem Rittertum und dem Krieg. Ritter präsentierten sich, etwa auf Siegeln oder Grabmonumenten, als Krieger, und ritterliche Ideale wirkten sich auf Krieg und Kriegführung aus. Die ritterlichen Vorstellungen von Ehre oder Sozialprestige beeinflussten taktische Entscheidungen. Das im Kern individualistische Streben nach Ansehen stand oftmals im Widerspruch zur gruppenorientierten Anforderung von Disziplin. Das Handeln eines einzelnen Ritters konnte diesem Ruhm – im Leben oder im Tod – einbringen, dabei aber den Erfolg der Gruppenaktion gefährden. Das Wappenwesen, welches in Lateineuropa im Laufe des 12. Jahrhunderts Fuß fasste, war eine Möglichkeit, das Individuum hinter einer immer umfassenderen Schutzbewaffnung kenntlich zu machen. Dabei ging es nicht um die Zugehörigkeit zu einer Kriegspartei – wie bei einer modernen Uniform –, sondern um den einzelnen Ritter und seine Familie. Die Bewaffnung berittener Kämpfer veränderte sich im Laufe des 11. und 12. Jahrhunderts und wurde im Sinne des Körperschutzes und des Schadenzufügens effizienter. Wie bei allen wehrtechnischen Neuerungen des Mittelalters kann man hier rückblickend zwar überregionale Trends und Reaktionen in der Entwicklung konstatieren. Dies bedeutet aber nicht, dass Kämpfer uniform ausgerüstet gewesen wären. Waffen mussten in der Regel auf eigene Kosten beschafft werden und waren teuer. Deswegen konnte sich nicht jeder Ritter die Ausrüstung leisten, die dem jeweils jüngsten Entwicklungstand entsprach. An Wert und Aktualität der Ausrüstung konnte man das ökonomische Potenzial des Trägers ablesen; dies bezog sich auf das Individuum und die soziale Gruppe: Reiche Ritter waren besser gerüstet als arme, Adlige besser als Bauern. Diese Differenzen erklären auch, warum im Mittelalter Waffen so umfangreich geplündert wurden und uns so wenig archäologische Funde von Schlachtfeldern vorliegen.

Zum Nasalhelm, den der Teppich von Bayeux zeigt, trat ab dem 12. Jahrhundert der sogenannte Topfhelm. Er umschloss den Kopf vollständig und war oben nicht mehr spitz zulaufend, sondern flach, weil er als Reiterhelm nicht gegen Schläge von oben zu schützen brauchte. Die Sicht durch Sehschlitze war begrenzt, Atemlöcher sollten für Luftzufuhr sorgen. Diese Helme beeinträchtigen die Sicht, waren sehr schwer und belasteten den Träger erheblich. Sie boten aber hohen Schutz und waren bis ins Spätmittelalter im Einsatz. Der lang-ovale Schild des 11. Jahrhunderts verkürzte sich zu einem Dreiecksschild; dieser war für den Reiterkampf besser geeignet und wurde formgebend für die Heraldik. Die Waffe mit dem höchsten Ansehen war aber das Schwert. Im Kampf kam es nach dem Angriff mit der Lanze vom Pferderücken oder vom Boden aus zum Einsatz. Es war beidseitig geschliffen und wandelte sich im Laufe des Mittelalters von einer Hieb- zu einer Stoßwaffe. Am Ende dieser Entwicklung steht der leichte Degen der Frühen Neuzeit. Dem Schwert kamen jenseits des Krieges etliche symbolische Funktionen zu: Es stand für jurisdiktionelle oder herrscherliche Kompetenzen und wurde etwa bei Krönungszeremonien verwendet.

An der Erlaubnis, ein Schwert am Gürtel zu tragen, machten sich Statusunterschiede – etwa zwischen Rittern und Händlern – fest. Dies galt freilich nur für Friedenszeiten; im Krieg agierten auch nicht-ritterliche Kämpfer mit diesen Waffen.

Im 11. und 12. Jahrhundert sehen wir parallel und bedingt durch die Bedeutungszunahme der ritterlichen Kultur mehr und mehr Belege für ein gewaltorientiertes Heldenideal. Das Erzählen exzessiver Gewalthandlungen – wie das Ummähen der Feinde – sollte auf heroisches Verhalten verweisen. So lesen wir im *Carmen de bello saxonico*, einem Epos über die Sachsenkriege Heinrichs IV., in panegyrischer Absicht zur Schlacht an der Unstrut: «So kämpften beide Heere mit wildem Grimm, / als der tapfere König [Heinrich IV.] mit dichtgedrängter Schar / sich mitten in die Feinde warf, niedertretend die Scharen / der gottesschänderischen Sachsen, die sich ihm zögernd entgegenstellten. / Wie ein Blitz fuhr der König dahin, schimmernd in herrlichen Waffen, / und streckte viele Tausend des eidbrüchigen Volkes nieder.»

Gewaltkompetenz und physische Überlegenheit zeichnen diese Ritterhelden aus, die sich im Kampf Mann gegen Mann beweisen und dabei zwingend auch Risiken eingehen müssen. Nur wer bereit ist, seine körperliche Unversehrtheit aufs Spiel zu setzen, kann sich als Held feiern lassen. Auch wenn man sicherlich zwischen diesen Narrativen, die in der Historiographie und Literatur sehr ähnlich verlaufen, und dem Handeln auf dem Schlachtfeld unterscheiden muss, so scheint hier doch die sehr grausame Wirklichkeit eines Krieges auf, der von ritterlichen Idealen getragen wurde.

Wir sehen im 12. Jahrhundert auch Bemühungen, das ritterliche Prestigestreben einzudämmen. Friedrich I. Barbarossa führte in seiner Herrschaft zahlreiche Kriege, vor allem gegen Stadtgemeinden in Oberitalien. Diese sehr reichen Handelsstädte – allen voran Mailand – strebten nach politischer Unabhängigkeit, wohingegen Friedrich seine Rechte als König über die zum Reich gehörenden Kommunen durchsetzen wollte. Die Italienzüge (1154–1177) bestanden aus unterschiedlichen Gewaltformen, wie der Belagerung und Eroberung von Mailand 1158 oder der Schlacht von Legnano 1176, in der Friedrich eine verheerende Niederlage hinnehmen musste, was zum Frieden von Venedig ein Jahr später führte. Diese Schlacht stellt heute einen wichtigen Erinnerungspunkt derjenigen Kräfte in der italienischen Politik dar, die eine Unabhängigkeit Norditaliens propagieren. Im Kontext des zweiten Italienzuges erließ Friedrich Barbarossa die sogenannten Friedensgesetze des Heeres. In diesem normativen Text wurde das Zusammenleben der ritteradligen Krieger im Heerlager und auf dem Kriegszug geregelt. Der Kerngedanke dabei war, die Ansprüche dieser Personengruppe an Sozialprestige und Status mit militärischer Disziplin in Einklang zu bringen. Die Ansammlung zahlreicher bewaffneter und gewalterprobter Männer auf engem Raum barg Konfliktpotenzial; es galt, die Gewalt nach außen zu richten und zu kanalisieren. Daher sollten Jagdbeute und requirierte Lebensmittel gerecht aufgeteilt werden. «Wenn einer Fässer voll Wein findet, soll er den Wein so vorsichtig abzapfen, dass er die Fässer nicht zerbricht oder die Bänder der Fässer zerschneidet, damit nicht der ganze Wein zum Schaden des Heeres auslaufe.» Das Heer ernährte sich auch aus dem Land, und alle sollten ihren Anteil daran haben. Die Disziplin im Heer sollte durch drastische Strafen gesichert werden: «Hat aber ein Ritter (*miles*) durch das Rufen der Parole einen Streit erregt, soll ihm seine ganze Rüstung weggenommen und er aus dem Heer ausgestoßen werden. Wenn es ein Knecht (*servus*) getan hat, soll er geschoren, gegeißelt und am Kinnbacken gebrandmarkt werden, oder sein Herr soll ihn loskaufen mit seiner ganzen Rüstung.» Das mittelalterliche Heer war von ständischen Unterschieden geprägt und der Kriegsdienst für die ritteradlige Elite ein Privileg, dessen Entzug als Strafe verstanden wurde.

5. Glaubenskampf und Eroberungskrieg: Die Kreuzzüge in den Nahen Osten (11.–13. Jahrhundert)

Im Verlaufe des 11. bis 13. Jahrhunderts zogen zehntausende Christen auf Kreuzzügen in den Nahen Osten, in das in ihrem Verständnis «Heilige Land». Die Eroberungszüge zielten darauf ab, die heilsgeschichtlich bedeutenden Orte dort für die Christenheit zu sichern. Darüber hinaus lockten Profite an Beute und Land. Die Bezeichnung «Kreuzzug» kam erst im 17. Jahrhundert auf, die Zeitgenossen sprachen von Wallfahrt (*peregrinatio*) oder schlichter von Weg (*iter*) und Feldzug (*expeditio*). Die Kriegszüge wurden als Glaubenskämpfe aufgefasst, weil eine Verbindung zwischen Kriegsteilnahme und Seelenheil bestand. Damit verweisen sie auf einen für die Militärgeschichte des Mittelalters zentralen Aspekt: das Verhältnis von christlichem Glauben und Krieg. Die Religion der Christen hat – etwas salopp formuliert – ein grundsätzliches Problem mit der Ausübung tödlicher Gewalt. Jesus Christus predigte Gewaltverzicht, und in den Zehn Geboten ist ein Tötungsverbot verankert. Folgerichtig wurde das Töten im Krieg geahndet und – etwa in den Bußbüchern der Karolingerzeit – mit Strafen belegt. Spätantike und frühmittelalterliche Theologen haben immer wieder mit dem Problem der kriegerischen Gewalt gerungen, das sich angesichts der Omnipräsenz des Krieges und der Bedeutung der christlichen Religion allenthalben stellte. Ein wichtiger gedanklicher Ansatz war hier die Lehre vom gerechten Krieg (*bellum iustum*), die wesentlich auf den Kirchenvater Augustinus zurückgeht und antik-römische Rechtsvorstellungen einschließt. Unter bestimmten Bedingungen – etwa einer legitimen Anführerschaft, einem gerechten Kriegsgrund und dem Streben nach Frieden – konnte ein Krieg als gerecht angesehen werden und die Teilnahme auch für einen Christen als gerechtfertigt gelten.

Mit dieser Vorstellung verband sich im Laufe des 9. Jahrhunderts, als bei unzureichender Wirkungsmacht des Königtums mehr und mehr lokale Herrschaftsträger im Kampf gegen auswärtige, nicht-christliche Gegner (Araber, Normannen, Ungarn) aktiv werden mussten, eine positive Konnotation des Heidenkampfes: Wer im Kampf gegen Ungläubige fiel, dem wurde jenseitiger Lohn in Aussicht gestellt. Hinzu trat ein immer weiter reichender Anspruch der Kirche, als Ordnungsmacht alle Lebensbereiche zu beeinflussen. Dies führte zur Eindämmung laienadliger Kriegsgewalt im Zuge der Gottesfriedensbewegung ab dem ausgehenden 10. Jahrhundert und schließlich zu einem christlich aufgeladenen Ritter-Verständnis, das den kriegerischen Einsatz für die Kirche dem friedlichen Agieren der Mönche zur Seite stellte. Damit war der Weg geebnet für einen positiv gedeuteten, von der Kirche angeführten Glaubenskrieg, der den Teilnehmern neben Beute und Land auch Seelenheil einbrachte. Der *miles christianus* wurde zum weltlichen Arm der Kirche und versöhnte so das Christentum mit einem Krieg, der im Namen Gottes geführt wurde. In diesem Sinne stellten römische Offiziere wie Mauritius, die für ihren Glauben das Martyrium erlitten hatten, als Ritter-Heilige Verbindungen zwischen der militärischen und der kirchlichen Sphäre dar.

Die Verbindung von Kirche und Krieg fand ihren Ausdruck im Kreuzfahrer-Ruf «deus lo vult» (Gott will es) und den Bestimmungen des Konzils von Clermont 1095, auf welchem Papst Urban II. († 1099) zum Kreuzzug aufrief: «Wer nur aus Frömmigkeit, und nicht zur Erlangung von Ehre und Geld zur Befreiung der Kirche Gottes nach Jerusalem aufgebrochen ist, dem soll die Reise auf jede Buße angerechnet werden.» Damit war der theologische Grundstein für ein christliches Rittertum und blutige Kämpfe im Nahen Osten gelegt, die bis ins 13. Jahrhundert andauern sollten. Betrachten wir einige militärische Aspekte des ersten dieser Kriegszüge etwas genauer: Im Frühjahr 1097 erreichten diverse lateineuropäische Ritterheere die Hauptstadt des oströmisch-byzantinischen Kaiserreiches Konstantinopel auf unterschiedlichen Wegen. Graf Hugo von Vermandois († 1101), ein Bruder des französischen Königs Philipps I., der wegen einer Eheaffäre exkommuniziert war, marschierte bis Bari in Süditalien und setzte per Schiff über die Adria. Gottfried von Bouillon († 1100), Herzog von Niederlothringen, führte seine Truppen über Ungarn auf dem Landweg nach Konstantinopel, Graf Raimund von Toulouse († 1105) an der dalmatischen Küste entlang. Bohemund von Tarent († 1111) aus dem Hause Hauteville segelte von Amalfi aus über die Adria. Schon der Transport der einzelnen Kontingente stellte eine enorme logistische Herausforderung dar, und die Ankunft der Kreuzfahrer vor Konstantinopel belegt die Leistungsfähigkeit mittelalterlicher Heere auf diesem Gebiet. Zum Kreuzzug brachen nicht nur Kombattanten und zu ihrer Unterstützung notwendige Personen wie Handwerker, Händler und Kleriker auf, sondern vielfach auch ganze Familien. Etliche Kreuzfahrer intendierten offenbar von Anfang an, dauerhaft im Heiligen Land zu bleiben. Mit dem Begriff «Kreuzfahrerheer» ist diese Menschenansammlung nur unzureichend beschrieben, vielmehr handelte es sich um eine Mischung aus militärischem und nicht-militärischem Personal. Wie viele Kreuzfahrer vor Konstantinopel eintrafen, lässt sich nur schätzen. Sicher ist, dass es sich um eine für die Zeit beachtliche Streitmacht gehandelt hat, die der oströmische Kaiser Alexios († 1118) zügig weiterziehen sehen wollte. Schätzungen gehen von bis zu 60 000 Personen aus, von denen etwa 7000 adlige Ritterkrieger waren. Menschen und Pferde mussten verpflegt werden, was vornehmlich über Zukauf auf dem Marsch oder Plünderungen erfolgte. Zu diesem Aspekt der Logistik liefern uns die Quellen nur sehr spärliche Informationen. So erfahren wir etwa von Versorgungsengpässen oder Wucherpreisen, wenn der Ankauf von Lebensmitteln ins Stocken geriet oder die Zwangslage des Heeres von geschäftstüchtigen Händlern ausgenutzt wurde. Berechnungen zum täglichen Pro-Kopf-Verbrauch machen die Dimension des erforderlichen Nachschubs deutlich: Peter Thorau rechnet für die rund 50 000 Pferde des Kreuzzuges insgesamt mit einem Tagesbedarf von 15 Tonnen Hafer oder Heu. Solche Berechnungen können immer nur Näherungswerte liefern, und letztlich bleibt uns nur, aus der erfolgreichen Durchführung eines militärischen Unternehmens auf die Bewältigung der logistischen Herausforderungen zu schließen, ohne dass wir die dahinterstehenden Maßnahmen genau beschreiben könnten.

Von Konstantinopel aus zogen die Kreuzfahrer gegen die gut befestigte Stadt Nikaia und betraten damit das Gebiet der muslimischen Rumseldschuken – Feindesland. Vor der Stadt trafen das christliche Heer und eine Abteilung türkischer Reiter zum ersten Mal aufeinander, die lateineuropäischen Reiterkrieger waren überlegen: «[Sie] fliegen auf raschen Pferden mit verhängten Zügeln mitten in die Feinde, durchbohren sie mit der Lanze, werfen sie von den Pferden ab [...]» (Albert von Aachen). Bei der anschließenden Belagerung kam das zum Einsatz, was man modern als psychologische Kriegführung bezeichnen könnte: Die Kreuzfahrer schleuderten nach Auskunft einer Kreuzfahrerchronik die Köpfe türkischer Gefangener in die belagerte Stadt, um dort Angst und Schrecken zu verbreiten.

Darüber hinaus wurden konventionelle Belagerungstechniken angewandt: «Als nun die Türken sahen, wie die Mauern durch den ständigen Stoß des Widders [eine Ramme] ins Wanken gerieten und wie der Turm von Haken gepackt und durchlöchert wurde, schütteten sie Fett, Öl und Pech mit Werg und brennendem Feuer vermischt von den Mauern herunter, wodurch der hölzerne Bau des Widders und sein Flechtwerk aus Reisig in Brand gerieten und völlig in Flammen aufgingen» (Albert von Aachen). Der Kampf um die Befestigungen war ein wesentlicher Bestandteil aller Belagerungen: Die Belagerer versuchten, die Mauern durch Rammen oder Beschuss mit Steinschleudern zu beschädigen. Bei Nikaia brachte eine weitere Methode schließlich Erfolg, als ein Turm unterminiert wurde. Hierzu gruben die Kreuzfahrer einen Tunnel unter der Stadtbefestigung, durch dessen kontrollierten Einsturz auch die darüber liegenden Mauern kollabierten. Entscheidend für die Kapitulation der Stadt war aber das Eingreifen der oströmisch-kaiserlichen Flotte, welche die Stadt von der Versorgung über den Askanischen See abschnitt. Daraufhin ergaben sich die Verteidiger dem Kaiser, nicht den Kreuzfahrern. Bei Nikaia sehen wir etliche Aspekte, die für mittelalterliche Belagerungen typisch waren: Die Befestigung verschaffte den Belagerten wichtige taktische Vorteile, weil sie geschützt und von oben nach unten kämpfen konnten. Daher mussten die Belagerer stärkere Verbände zusammenziehen, als für die Verteidigung notwendig waren. Dies brachte logistische Schwierigkeiten mit sich, da das Belagerungsheer über längere Zeit an einem Ort versorgt werden musste, ohne dass auf die etablierte Infrastruktur der belagerten Siedlung zugegriffen werden konnte. Ein direkter Angriff auf die Mauern war in der Regel riskant und mit hohem Blutzoll verbunden. Daher suchte man die Mauern zum Einsturz zu bringen und damit den taktischen Vorteil der Belagerer zu eliminieren. Zu diesen direkten Gewaltmaßnahmen traten drei weitere belagerungsentscheidende Vorgehensweisen und Phänomene: Aushungern, Verhandlungen und Verrat. Um eine Siedlung erfolgreich auszuhungern, musste sie effizient von Nachschub abgeschnitten werden, was umfangreiche Truppen und mitunter eine Belagerungs-Befestigung erforderlich machte. Durch Verrat konnten die Belagerer unbemerkt Zugang zur Befestigung erlangen und diese dann erkämpfen. Verhandlungen gingen – wie im Falle von Nikaia – oftmals mit einer Blockade einher und erlaubten den Belagerern, in einer für die Verteidiger aussichtslosen Situation, vorteilhafte Bedingungen zu erwirken, und garantierten ihnen Zugang zu einer weitestgehend intakten Befestigung. So konnte Kaiser Alexios die strategisch wichtige Stadt wieder in seinen Herrschaftsbereich integrieren.

Von Nikaia zogen die Kreuzfahrer in getrennten Kontingenten weiter Richtung Süden. Bei Doryläum traf die Abteilung unter dem Kommando Bohemunds von Tarent auf ein gegnerisches Heer. Im folgenden Kampf zeigte sich, dass die Ritter nicht auf eine Kampftaktik festgelegt waren. Abgesessen bezogen sie gemeinsam mit den übrigen Fußkämpfern eine defensive Stellung rund um den Tross. Die Türken agierten mit berittenen Bogenschützen; diese ritten immer wieder gegen die Kreuzfahrer an, schossen ihre Pfeile ab und zogen sich zurück, bevor es zum Handgemenge kam. Fulcher von Chartres († 1127) merkte hierzu an, dass diese Art des Kämpfens den Kreuzfahrern unbekannt gewesen sei. In dieser bedrohlichen Lage heben die *Gesta*

Francorum den Mut der Frauen hervor, die den kämpfenden Männern unentwegt Wasser gebracht hätten. Erst das Eingreifen der zweiten Marschkolonne wendete das Blatt zu Gunsten der Kreuzfahrer. Im offensiven Reiterkampf konnten sie die Stärke ihrer Panzerreiter ausspielen und den Türken eine vernichtende Niederlage beibringen. Die *Gesta Francorum* sprechen den Unterlegenen in diesem Kontext ein großes Lob aus: Wenn sie nur Christen gewesen wären, hätte man keine tapfereren und besseren Kämpfer finden können.

Das Hauptheer zog weiter auf die Stadt Antiochia, die erst nach achtmonatiger Belagerung und der Abwehr von zwei Entsatzheeren durch Verrat am 3. Juni 1098 eingenommen werden konnte. Die Versorgungslage der Kreuzfahrer während der Belagerung war kritisch, die Fouragierabteilungen mussten in einem ausgezehrten Land immer weiter ausgreifen, um Nahrung zu finden. Je weiter und länger die Abteilungen zur Nahrungsbeschaffung unterwegs waren, desto größer mussten sie sein, um sich gegen Angriffe fernab des Hauptheeres verteidigen zu können. Die Größe der Versorgungstrupps schwächte wiederum das eigentliche Belagerungsheer, das sich immer wieder Ausfällen der Belagerten erwehren musste. Albert von Aachen veranschaulicht die Schwierigkeiten der Kreuzfahrer, indem er auf ihren Mangel an Pferden verweist: «Die meisten Ritter hatten keine Pferde mehr, und die wenigsten Pferde taugten zum Kampf. Daher ritten manche Zugtiere, andere Esel und Maultiere, wie es die Not verlangte.» Der Bericht konzentriert sich auf die ritteradlige Elite und verdeutlicht Stellenwert und Spezialisierung der Kriegspferde. Bei der Erstürmung Antiochias kam es zu einem Massaker an den Bewohnerinnen und Bewohnern – ein Vorgehen, das für die Kreuzfahrer typisch werden sollte. Nachdem ein weiteres, zahlenmäßig deutlich überlegenes Entsatzheer geschlagen worden war, stand den Kreuzfahrern der Weg nach Jerusalem offen. Sie profitierten hier wie auf dem ganzen Kreuzzug von der Uneinigkeit ihrer Gegner, die in verschiedene Fraktionen – unter anderem spielte hier der Gegensatz zwischen Sunniten und Schiiten eine Rolle – aufgespalten waren. Nachdem sie in Antiochia überwintert hatten, erreichten die Kreuzfahrer am 7. Juni 1099 schließlich das Ziel ihrer «Pilgerfahrt»: Jerusalem. Die Belagerung dauerte diesmal weniger lang, nach einem ersten vergeblichen Sturmangriff mussten Belagerungsgerät gebaut und Angriffsvorbereitungen getroffen werden: «Eiligst machten sich die Handwerker an die Arbeit, die Maschinen, Wurfgeschütze und Widder herzustellen, die einen mit Axt und Beil, die anderen mit Bohrern, bis nach vier Wochen das ganze Werk, Sturmmaschinen, Widder und Wurfgeschütze bis auf den Nagel vollendet war. [...] Dann wurden Jünglinge und Greise, Knaben und Mädchen und Frauen aufgefordert, nach dem Tal von Bethlehem zu laufen und von dort auf Maultieren und Eseln und auf eigenen Schultern Gesträuch und Buschwerk herbeizuschleppen» (Albert von Aachen). Diejenigen, die nicht aktiv mit der Waffe kämpfen konnten, wurden für Tragdienste eingesetzt, um Material zur Verfüllung der Gräben und zum Schutz der Belagerungsgeräte herbeizuführen. Am 15. Juli gelang es den Männern Gottfrieds von Bouillon, die Stadtmauern von einem Belagerungsturm aus zu überwinden und in die Stadt einzudringen. Bei der nun folgenden Einnahme der Stadt töteten die Kreuzfahrer zahlreiche Einwohner, so dass christliche Chronisten voller Stolz vermerkten, man sei im Blut der Ungläubigen gewatet. Blutige Gewalt – zumal gegen Nicht-Christen im Kontext eines heiligen Krieges – wurde als Ausweis erfolgreichen Kriegertums verstanden und heroisiert. Damit war der erste Kreuzzug zu Ende, der aus Sicht der Kreuzfahrer der erfolgreichste sein und bleiben sollte.

Die weitere Geschichte der Kreuzzüge erscheint rückblickend als eine Verfallsgeschichte, die von gelegentlichen Erfolgen unterbrochen war. Die Idee blieb bis zum Spätmittelalter attraktiv und lebendig, die Kreuzfahrerstaaten und damit die herrschaftlich-militärische Präsenz der Christen im Heiligen Land fand 1291 mit dem Fall von Akkon ihr Ende. Prominente Niederlagen wie die von Hattin 1187, als Sultan Saladin (gest. 1193) das Heer des Königreichs Jerusalem in ungünstiges Gelände lockte und vernichtete, zeigen, dass die Kreuzfahrer den geeinten muslimischen Mächten trotz gewaltiger militärischer Anstrengungen nicht gewachsen waren. Prominentester Ausdruck

Abb. 4: Die Kreuzfahrerburg Krak des Chevaliers

dieser Bemühungen und gutes Beispiel für die oben angeführte Annäherung von christlicher Kirche und Krieg waren dabei die Ritterorden, deren bedeutendste die Templer, die Johanniter und der Deutsche Orden waren. Diese Orden versöhnten das Mönchsideal mit dem Rittertum, indem sie Askese und Gebet mit ritterlichem Kriegsdienst verbanden. So entstand eine Art Berufskriegertum, welches Merkmale von Professionalisierung aufwies. Die Ordensritter widmeten sich der militärischen Ausbildung, lebten mönchisch-kaserniert und verfügten über zahlreiche militärische Ressourcen. In Ansätzen stellten sie damit so etwas wie ein stehendes Heer in den Kreuzfahrerstaaten dar, dessen militärisches Potenzial von den muslimischen Gegnern und christlichen Verbündeten gleichermaßen anerkannt wurde. Die Regel des Templerordens beinhaltet neben Anweisungen zur monastischen Disziplin und Gebet auch solche zum Kriegswesen. Hier war etwa geregelt, wie sich die Ritter im Kampf verhalten sollten und wem welches Pferd aus den Ordensbeständen zustand. Wir begreifen hier das Bemühen um militärische Effizienz auch in dem Sinne, dass adliges Prestigedenken zu Gunsten der Gemeinschaft zurückgedrängt werden sollte. Die Ordensritter entstammten einem ritteradligen Milieu, dessen individualistische Werte für die Gemeinschaftsaufgabe Krieg oftmals hinderlich waren. Die Ritterorden erfreuten sich großer Beliebtheit in Lateineuropa, was sich in zahlreichen Schenkungen und Zuwendungen niederschlug. So verfügten sie über erhebliche Mittel, die sie unter anderem in die noch immer beeindruckenden Kreuzfahrerburgen investierten, wie etwa die im heutigen Syrien gelegene Burg des Johanniter-Ordens Krak des Chevaliers.

Die Kreuzzüge wurden im Namen des christlichen Gottes geführt, und dem modernen Betrachter fallen immer wieder die Schilderungen ungeheurer Gewalt auf, die sich in den Kreuzzugserzählungen finden. Die *miles christiani* gingen mit exzessiver Grausamkeit gegen ihre muslimischen Gegner vor und wurden dafür von manchen zeitgenössischen Chronisten ausdrücklich gelobt. Dies verweist zunächst auf ein Spezifikum des lateineuropäischen Verständnisses von Krieg: Kämpfe gegen Nicht-Christen wurden dezidiert von solchen gegen Christen unterschieden. Rechtliche Regelungen zur Kriegführung (*ius in bello*) bezogen sich nur auf christliche Opponenten. So verbot etwa das Zweite Laterankonzil 1139 den Einsatz von als gottlos verstandenen Armbrüsten – gegen Christen. Diese Einstellung, verbunden mit der Konzeption des Heidenkampfes, mag zu einer erhöhten Grausamkeit geführt haben, wie sie etwa von Stephen Morillo für transkulturelle Kriege angenommen wird. Je weiter die kulturellen Entwicklungen der Kontrahenten voneinander entfernt lagen, desto konsequenter wurden gewalthemmende Kulturschranken überschritten. Hierbei ist aber zwischen den Darstellungen des Krieges und seinen Handlungen zu unterscheiden. Wenn Grausamkeiten in den Chroniken der Kreuzzüge prominent auftauchen, hängt dies auch damit zusammen, dass Gewalt gegen Heiden im Sinne einer positiven Erzählung besser nutzbar war als solche gegen Glaubensbrüder. Bei aller Hinwendung der Kirche zum Krieg blieb das Töten doch eine Sünde und damit rechtfertigungsbedürftig. Der Kampf im Namen Gottes gegen Heiden bot hier mehr gestalterischen Spielraum als etwa ein Bürgerkrieg gegen verwandte Mitchristen. Hinzu kommt eine methodische Schwierigkeit: Wie will man die Grausamkeit kriegerischer Handlungen quantifizieren und vergleichbar machen? Opferzahlen und Todesursachen sind nur sehr bedingt zu ermitteln, was komparative Studien letztlich nicht zulässt. Mittelalterliche Kriege waren sicherlich immer grausam, nur dass sich die Gewalt der Kreuzzüge besser erzählen ließ.

Einen ähnlich gelagerten Zusammenhang zwischen Erzählabsicht und der Form kriegerischer Gewalt können wir auch dann beobachten, wenn sich diese gegen Frauen richtete. Von Vergewaltigungen wird – im Kontext der Kreuzzüge und anderer Kriege – immer wieder berichtet. Sie werden aber in der Regel dem Gegner zugeschrieben und nicht – wie andere Gewalt-Erfolge – benutzt, um die eigene Überlegenheit zu betonen. Auffällig sind in diesem Zusammenhang Episoden, die auf Übergriffe gegen eine spezielle Gruppe – etwa Jungfrauen oder Nonnen – verweisen und diese als besonders schändlich markieren. Dies bedeutet sicherlich nicht, dass sexualisierte Gewalt nur bestimmte Frauen getroffen hat. Im Gegenteil: Die besondere Betonung lässt eher auf eine gewisse Regelmäßigkeit schließen, welche Vergewaltigungen ohne weitere Spezifizierungen ungeeignet erscheinen ließ, um den Gegner zu schmähen.

6. Bouvines und Dürnkrut: Zwei Schlachten formen die Geschichte Europas

Die Schlacht stellt ein Paradoxon der mittelalterlichen Militärgeschichte dar. Über keinen anderen Aspekt des Krieges liegen uns so viele Informationen und Quellenbelege vor. Der flämische Militärhistoriker Jan Frans Verbruggen hat formuliert: «A great deal can be learnt about medieval warfare from the study of battles»(Jan Franz Verbruggen, *Warfare*, S. 9). Dabei waren Schlachten für mittelalterliche Kriege keineswegs zentral, weder quantitativ noch qualitativ. Offene Feldschlachten, in denen große Truppenkontingente aufeinandertrafen, waren eher selten und nur in Ausnahmefällen kriegsentscheidend. Aufwand und Risiko waren beträchtlich, und Schlachten kamen in der Regel nur dann zustande, wenn beide Kriegsparteien sich darauf einließen. Ein im Felde agierendes Heer konnte nur selten ausmanövriert und zum Kampf gezwungen werden, so wie es zumindest in Ansätzen bei Bouvines gelungen ist. Eine Geschichte der nicht geschlagenen Schlachten des Mittelalters steht bislang noch aus. Belagerungen und Plünderungszüge waren deutlich häufiger, oftmals effizienter und risikoärmer. Das Interesse der zeitgenössischen Chronisten beruht weniger auf der militärischen Bedeutung der Schlacht, sondern auf ihrem darstellerischen Potenzial. Hier kulminierten die Vorstellungen von heroischem Kriegertum und konnten zu einer spannenden Geschichte verdichtet werden. Die Parallelen zwischen historiographischen und literarischen Schlachtschilderungen sind dabei frappierend; sie verweisen auf die ritteradlige Klientel, für die beide Textformen verfasst wurden, und die Schwierigkeiten, die eine moderne Militärgeschichte hat, über diese Erzählungen zu den Geschehnissen auf den Schlachtfeldern vorzudringen.

Am 27. Juli 1214 standen sich bei Bouvines (zwischen Lilles und Valenciennes) zwei Heere gegenüber. Der französische König Philipp II. Augustus († 1223) führte städtische Milizen und Lehnstruppen seiner Vasallen aus dem Nordosten des Reiches an. Ihm gegenüber agierte eine Allianz aus verschiedenen flämischen, deutschen und englischen Verbänden. Der ranghöchste Adlige war hier Kaiser Otto IV. († 1218) aus dem Haus der Welfen, der aber nur ein kleines Kontingent eigener Truppen befehligte und nicht die Befehlsautorität entfalten konnte, die Philipp zur Verfügung stand. Darin sieht die moderne Forschung einen Grund für den Sieg Philipps. Mittelalterliche Heere verfügten nicht über Hierarchie- und Kommandostrukturen einer regulären Armee – mit festgefügten Dienstgraden und Befehlsketten. Vielmehr agierten die Truppen oftmals entlang der Rekrutierungsmechanismen, die sie ins Feld gebracht hatten. Ansehen und Autorität eines Feldherrn war damit auch an die Größe seines Kontingentes geknüpft. Fiel der Anführer eines Verbandes aus, konnte dies die Flucht des ganzen Verbandes nach sich ziehen, der sich dann aus der Gesamtstruktur des Heeres löste. Die antifranzösische Allianz bei Bouvines verfügte nicht über die Geschlossenheit des königlichen Aufgebots.

In der Schlacht kulminierten verschiedene politische Konflikte. Da war zunächst der englisch-französische Streit um diverse Besitzungen der englischen Könige in Frankreich. Diese Auseinandersetzungen hatten ihren Ursprung im sogenannten Angevinischen Reich des 12. Jahrhunderts, als der englische König unter anderem auf Grund von Erbzufällen und Heiraten in Frankreich mehr Besitz hatte als der französische König. Dieser Konflikt stellte eine Konstante im Hoch- und Spätmittelalter dar. Hinzu kam bei Bouvines ein deutscher Thronstreit. Friedrich II. von Staufen († 1250) konkurrierte mit Otto IV. nach einer Doppelwahl um die römisch-deutsche Krone. Friedrich war mit Philipp von Frankreich, Otto mit dem englischen König Johann Ohneland († 1216) verbündet. Obwohl weder Johann noch Friedrich persönlich an der Schlacht teilnahmen, hatte der Sieg Philipps doch erhebliche Konsequenzen für beide: Friedrich konnte sich im Thronstreit durchsetzen, und Johanns Stellung litt durch die Niederlage erheblich. Bouvines stellte eine wichtige Etappe des Aufstiegs der französischen Monarchie dar.

Der Schlachtensieger und «Verteidiger des Vaterlandes» Philipp konnte die Stellung des Königtums nach innen festigen und nach außen ausbauen. Er sandte seinem Verbündeten Friedrich den in der Schlacht erbeuteten Reichsadler.

Philipp hatte die Schlacht zunächst nicht gewollt, zumindest nicht an diesem Tag und Ort. Er hatte ein Heer gesammelt, um sich der Allianz unter Otto entgegenzustellen, und war wohl prinzipiell auch zu einer Feldschlacht bereit, aber nicht am 27. Juli. Hierfür führt die moderne Forschung einen militärischen und die zeitgenössische Chronistik einen religiösen Grund an. Der 27. Juli war ein Sonntag. Die Philipp wohlgesonnenen Historiographen berichten, dass der fromme König nicht am Tag des Herrn kämpfen wollte und dazu von seinen gottlosen Gegnern gezwungen worden sei. Was hier reales Dilemma und was nachträgliche Ausdeutung ist, bleibt schwer zu trennen. Im Wissen um den Sieg konnten die post factum schreibenden Historiographen ihren Helden so in ein frommes Licht rücken und vom Vorwurf des Frevels reinwaschen. Gott konnte nicht auf Seiten dessen sein, der an einem Sonntag kämpfen wollte. Betrachtet man die Wochentage, an denen im Mittelalter Schlachten geschlagen wurden, zeigt sich, dass an Sonn- und hohen Feiertagen Kämpfe tendenziell vermieden wurden. Andere Häufungen – etwa in der trockenen Jahreszeit nach der Ernte – lassen sich durch militärisch-logistische Überlegungen erklären. Die Rücksicht auf Festtage verweist auf die hohe Bedeutung des Christentums, auch und gerade in Kriegsangelegenheiten. Warum also kam es an einem Sonntag bei Bouvines zur Schlacht? Die Initiative ging wohl von Ottos Partei aus, die einen taktischen Vorteil ausnutzen wollte.

Philipps Heer war dabei, auf einer Brücke die Marque zu überqueren, als die feindliche Vorhut sich näherte. Die Allianz aus verschiedenen Kontingenten war auf Grund unterschiedlicher politischer Interessen brüchig und daher eher auf eine schnelle militärische Entscheidung angewiesen als der König. Sie drängte zur Schlacht. Philipp hielt angesichts dieser Bedrohung Kriegsrat mit den einflussreichen Adligen seines Heeres. Analog zum Prinzip der «konsensualen Herrschaft» (Bernd

Schneidmüller, *Herrschaft*, S. 53), welches die Einbindung der politischen Elite in das Herrschaftshandeln erforderlich machte, war der König auch als Feldherr kein absolutistischer Monarch. Schilderungen von Kriegsräten vor Schlachten sind zahlreich und in ihrer Grundkonstellation topisch: Falken drängen zum Kampf, Tauben raten zum Aufschub. Dieses Grundmuster wird je nach Schlachtausgang und Perspektive mit Alter und Erfahrung der Ratgeber kombiniert. Nach einer Niederlage wird die Aufforderung zum Kampf oftmals den jungen Heißspornen zugeschrieben, die in ihrem Verlangen nach Kriegsruhm den Rat älterer, erfahrener Recken missachten. Führt die Schlacht zum Sieg, werden die Tauben als feige und die Falken als mutig gezeichnet. Deutlich wird trotz aller Topik, dass Kriegsräte als Räume der Entscheidungsfindung im Dialog verstanden wurden, in dem verschiedene taktische Optionen abgewogen wurden.

Vor Bouvines entschied sich Philipp – trotz des Sonntags – zur Schlacht und begann mit den entsprechenden Vorbereitungen: Er begab sich in eine Kirche und hörte die Messe. Christliche Rituale, wie Messbesuch, Beichte und Gebet, wurden als wichtige Bestandteile der Schlachtvorbereitung verstanden und erklären, warum jedes Heer von Geistlichen begleitet wurde. Wollte jeder Kämpfer vor einer Schlacht die Beichte ablegen, entstand angesichts der Heeresgrößen schnell ein organisatorisches Problem. John France geht davon aus, dass Philipp etwa 7400 Kämpfer (1400 beritten, 6000 zu Fuß) und Otto etwa 8900 (1400 beritten, 7500 zu Fuß) ins Feld geführt habe. Bei nur zwei Minuten Beichtzeit pro Person und acht Stunden für das ganze Heer brauchte es rechnerisch schon über 30 Priester auf jeder Seite. Neben religiösen wurden auch militärische Vorbereitungen getroffen, wobei diese Unterscheidung eher modern als mittelalterlich ist. Philipp beorderte die Truppen, die schon übergesetzt hatten, zurück und schickte seine Reiterkrieger gegen den Feind, um die Aufstellung seines Heeres zu decken. Auch die antifranzösische Allianz sandte Reiter nach vorne, was die hohe taktische Bedeutung dieser Kämpfer verdeutlicht.

Die Details der Schlacht sind nur schwer aus den überliefer-

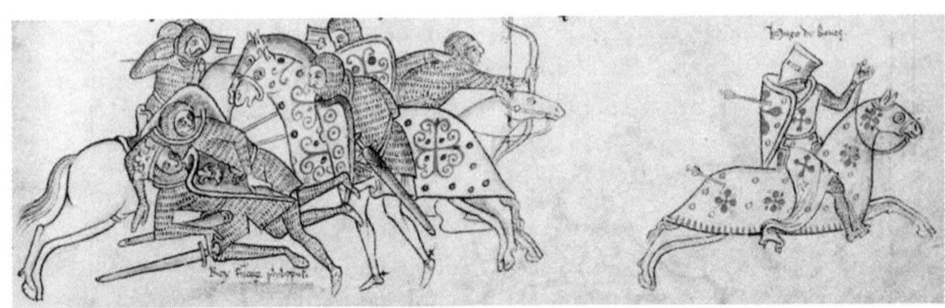

Abb. 5: Illustration zur Chronica Majora des Matthäus Paris (13. Jahrhundert): König Philipp II. von Frankreich liegt während der Schlacht von Bouvines am Boden und wird von einem seiner Gefolgsmänner geschützt.

ten Schriftzeugnissen zu destillieren. Diese hat Georges Duby in seinem magistralen Werk *Der Sonntag von Bouvines* mit modernen Sportreportagen für Aficionados verglichen, die weniger am Gesamtgeschehen interessiert sind, denn an den wohlgesetzten Einzelaktionen ihrer Helden. Ereignisse, die in der Schlacht gleichzeitig stattfinden, müssen in der schriftlichen Erzählung in eine Reihenfolge gebracht und Erzählenswertes aus der unüberblickbaren Detailfülle selektiert werden. Die Schlacht erscheint dann wie eine Abfolge von turnierähnlichen Einzel- oder Gruppenkämpfen, von den Fußtruppen lesen wir da nichts, ebenso wenig von den meisten Rittern. Nur die prominenten Personen und ihre heroischen Taten finden Erwähnung. Der 48-jährige Philipp kämpfte aktiv mit, wurde vom Pferd gestoßen und von Rittern aus seinem Gefolge mit Leib und Schild geschützt.

Auch von Otto werden Heldentaten berichtet: Drei Pferde sollen unter ihm erstochen worden sein, mit Lanzen, weil sich die feigen Gegner nicht auf Schwertlänge an ihn herangetraut hätten – so erzählt es ein ihm wohlgesonnener Chronist. Diese Episoden belegen den persönlichen Einsatz der Führungselite, die ihr Leben aufs Spiel setzte, und den Stellenwert der Pferde für eine ritteradlige Gesellschaft. Über diese Tiere erfahren wir in den Schlachtberichten mehr als über die Fußkämpfer. Die Opferzahlen unter den wohlgerüsteten Adelskriegern bei Bouvines waren gering. Gefangene Adlige brachten Lösegeld und waren als politisches Faustpfand wertvoll. Otto IV. konnte vom Schlachtfeld fliehen, Graf Ferrand von Flandern († 1233) und der Halbbruder des englischen Königs wurden gefangen genommen. Die Flucht des geschlagenen Gegners markierte das Ende der Schlacht und den Sieg Philipps. Dieser gab Anweisungen, die Feinde nicht mehr als eine Meile zu verfolgen, ein Interesse an der völligen physischen Auslöschung des Gegners bestand nicht, vielmehr galt es, die eigenen Truppen zusammenzuhalten. Der Sieg bei Bouvines wurde von der französischen Chronistik zum Triumph Philipps ausgedeutet: «Seither wagte niemand mehr, ihn zu einem Krieg herauszufordern» (Anonymus von Béthune). Er hielt einen triumphalen Einzug in Paris und präsentierte dort seine Beute und seinen Erfolg. Damit wird der Sieg zum einigenden und sinnstiftenden Moment seiner Königsherrschaft: Philipp als der von Gott begünstigte siegreiche Herrscher Frankreichs. Die Bezeichnung einer Schlacht als Gottesurteil findet sich in mittelalterlichen Texten so zahlreich, dass die Forschung Schlacht und Ordal lange Zeit in eins gesetzt hat. Dabei sind es in der Regel die Sieger, die diese Geschichte erzählen und das in der Rückschau: Unser Sieg wurde uns von Gott geschenkt, weil unsere Sache gerecht ist. So lässt sich eine Schlacht nach dem Sieg leichter interpretieren als vorher. Verlierer haben hingegen andere Deutungen, wie etwa das Rad der Fortuna, das sich drehend mal den einen, mal den anderen begünstigt. Auch Otto IV. hat nach Bouvines seine Ansprüche nicht aufgegeben. Ein Gottesurteil war die Schlacht nur für die Sieger.

Das Haus Habsburg ist heute untrennbar mit dem Land Österreich verbunden. Ein Grundstein dafür wurde am 26. August 1278 auf dem Marchfeld zwischen Dürnkrut und Jedenspeigen in Niederösterreich gelegt, als der König des römisch-deutschen Reiches, Rudolf von Habsburg († 1291), gegen König Ottokar von Böhmen († 1278) einen entscheidenden Sieg davontrug. Wir sind über diese Schlacht aus verschiedenen Quellen vergleichsweise gut unterrichtet, so dass sich ein ungefährer Ablauf skizzieren lässt, der in manchen Details typisch für mittelalterliche Reitergefechte zu sein scheint. Ottokar führte etwa 6000 Mann ins Feld, Rudolf insgesamt wohl etwas mehr; er verfügte aber über weniger schwergepanzerte Reiter. Für ihn focht auch ein großes ungarisches Kontingent, bei dem sich Kumanen, leichte, berittene Bogenschützen, befanden. Beide Könige stellten ihr Heer in drei hintereinander agierenden Gruppen auf und fochten aktiv in der Schlacht. Rudolf befehligte den dritten und letzten Heerhaufen, Ottokar den zweiten. Vor der Schlacht – so berichtet es die *Continuatio Vindobonensis* – hätten beide Feldherren einen Schlachtruf ausgegeben, mit dem sich die Kämpfer ihre Parteizugehörigkeit kommunizieren konnten. Rudolfs Truppen – auch die «ungläubigen» Kumanen und die «halbchristlichen» Ungarn – hätten «Christus, Christus» gerufen, die Böhmen hingegen «Praga, Praga». Damit ist hier eine Lesart der Schlacht im Sinne des Gottesurteils vorgegeben, das zu Gunsten des gläubigen Rudolfs ausfallen muss, obwohl Ungarn und Nicht-Christen für ihn kämpften. Gleichzeitig verweist die Anekdote auf die praktische Schwierigkeit, im Nahkampf ohne Uniformen Freund und Feind zu unterscheiden. Die Schlacht entwickelte sich, während auf beiden Seiten mal die eine, mal die andere Abteilung erfolgreich agierte. Ungarn und Kumanen bildeten die erste Gruppe im Heer Rudolfs. Es galt als ehrenvoll, den ersten Angriff zu führen – den sogenannten Vorstreit; zugleich war es taktisch klug, die am wenigsten verlässlichen Truppen zuerst in den Kampf eingreifen zu lassen und so die Wahrscheinlichkeit ihrer Flucht zu vermindern. Die Ungarn vertrieben den ersten Heerhaufen Ottokars vom Schlachtfeld, daraufhin aber wurden sie und die zweite Gruppe Rudolfs von den Truppen verdrängt, die Ottokar persönlich anführte. Auf dem Höhepunkt der Schlacht standen sich die beiden von den Königen persönlich angeführten Abteilungen gegenüber, und die Chronisten markieren Rudolfs Eingreifen als entscheidend. Der 60-jährige Habsburger kommt zu Fall und erst sein Wiederauftauchen zu Pferd gibt seinen Truppen die Zuversicht, um Ottokars zweite Abteilung in die Flucht zu schlagen. Das dritte Kontingent der Böhmen griff daraufhin gar nicht mehr in die Schlacht ein und zog sich zurück. Während also Rudolf sein ganzes militärisches Potenzial zum Einsatz bringen konnte, griffen nur etwa zwei Drittel der böhmischen

Truppen in den Kampf ein. Schlachtentscheidend dürfte darüber hinaus der Einsatz einer taktischen Reserve auf Seiten des Habsburgers gewesen sein: Eine Abteilung von vielleicht 200 berittenen Kriegern hielt sich abseits und griff Ottokars Abteilung im entscheidenden Moment in der Flanke an.

Die *Steirische Reimchronik*, die Anfang des 14. Jahrhunderts mit einigem Abstand von der Schlacht erzählt, führt hierzu eine interessante Episode an. Rudolf soll zunächst keinen Ritter gefunden haben, der bereit gewesen wäre, die im Hinterhalt liegende Abteilung zu führen. Unter Hinweis auf einen ritterlichen Ehrenkodex, der es verbiete, beim Kampf der eigenen Männer tatenlos zuzusehen, hätte sich ein Graf Heinrich dem Ansinnen des Königs verweigert. Dieser habe daraufhin zwei in der Hierarchie weiter unten stehende Ministerialen aufgefordert, die sich fügen mussten, gleichzeitig gegenüber ihren Kampfgenossen aber betonten, nur auf Befehl des Königs zu handeln. Diese Ausschmückung rekurriert auf den Zusammenhang von ritterlichem Sozialprestige und Kriegführung: Nicht jeder Kampfeinsatz wird gleich honoriert, Ehre kann in manchen Konstellationen besser erworben werden als in anderen. Auch zeigt sich, dass selbst ein königlicher Feldherr nicht über absolute Befehlsgewalt verfügte. Die Flucht eines großen Teils seines Heeres führte zur Niederlage Ottokars, sein Tod auf dem Schlachtfeld zementierte die politischen Konsequenzen der Schlacht. Einigen Schlachterzählungen ist ein gewisses Unbehagen angesichts der Tötung des böhmischen Königs anzumerken. Sie deuten sein Ableben zwar als Strafe für seine Sündhaftigkeit, betonen aber gleichzeitig, dass der König von niederen Kämpfern aus persönlichen Motiven getötet worden sei. Obwohl Rudolf offensichtlich vom Tod seines Opponenten profitierte, entsteht nicht der Eindruck, der Habsburger hätte die Tötung betrieben oder gar befohlen. Die *Annales sancti Rudberti* berichten mit Abscheu vom Schicksal des Böhmen: Nach dem Sturz seines Pferdes «umgaben einige von den Österreichern den König von Böhmen, der kaum seiner Sinne mächtig war, und rissen von seinem Haupt den Helm, der von vielen Schlägen verbeult war; und während er noch bat, gefangen genommen zu werden, wurde er gefangen und von etwa 17 Wunden übersät zur Erde niedergestreckt und hauchte so in den Händen seiner Feinde sein Leben aus. Oh welche geringe Ehrfurcht, ja welch schweres Unrecht wurde da dem toten König angetan! Denn die Rüstung wurde ihm ausgezogen, ja sein Leichnam wurde sogar in ungebührlicher Weise aller Kleider beraubt, so dass nicht einmal dem Schamteil Beinkleider verblieben.» Auch für einen König konnte eine Schlacht ein gefährliches Unterfangen sein, wobei zu bedenken ist, dass Ottokars Tod auf dem Schlachtfeld eine Ausnahme darstellte.

Anders als bei Dürnkrut war ein Schlachtausgang nicht immer eindeutig zu ermitteln: Wer hatte gewonnen, wer verloren? Ein Entscheidungskriterium konnte hier die Behauptung des Schlachtfeldes sein. Mitunter lesen wir von einer dreitägigen Frist, die der Sieger die Wallstatt behaupten sollte, was auch Rudolf auf dem Marchfeld zugeschrieben wird. Das hatte neben rechtssymbolischen auch praktische Aspekte: Das Kampffeld war der natürliche Sammelpunkt für die siegreichen Truppen und der Ort, an dem Verwundete versorgt und Tote bestattet wurden.

In der modernen (englischen) Militärgeschichte werden mittelalterliche Schlachten mitunter mit Rugby-Spielen verglichen: unübersichtlich, ereignisreich und von männlichem Gewinnstreben getragen – aber auch: gewissen Regeln folgend und Teil eines übergeordneten Sets von Ansprüchen und kriegeradligen Logiken. In den Schlachterzählungen offenbart sich vielleicht nicht immer detailgetreu, wie der mittelalterliche Krieg aussah; sie geben aber interessante Einblicke, wie er in der Vorstellung einer kriegeradligen Schicht aussehen sollte.

7. Fußkämpfer auf dem Vormarsch (14. Jahrhundert)

Das italienische Wort *infanteria* wurde im 16. Jahrhundert entwickelt – die deutsche Entsprechung Infanterie ist ab dem 17. Jahrhundert belegt – und geht im Wortstamm auf «infante» bzw. lateinisch «infans», das Kleinkind, zurück. In der Bezeichnung für Fußsoldaten schwang also eine abwertende Verkleinerung mit: Infanteristen als Kinder im Krieg. Dies bezog sich nicht auf die Effizienz oder die taktische Bedeutung zu Fuß kämpfender Akteure, sondern bezeichnete die Abgrenzung zu den in der Sozialhierarchie höherstehenden Reitern, den zu Pferd agierenden Kavalleristen. Überzeitlich-allgemeine Termini für historische Kämpfer – wie zum Beispiel «Soldat» – sind oftmals problematisch. Zu den sozio-kulturellen Konnotationen treten im Kontext der mittelalterlichen Militärgeschichte zeitliche und strukturelle Aspekte. Im Verlauf des Kampfgeschehens konnte sich die Aktionsweise eines Kämpfers ändern, der etwa zum Kampfplatz reiten konnte, um dort dann zu Fuß zu agieren. Auch sollten die Bezeichnungen nicht im Sinne einer modernen Waffengattung missverstanden werden. Ritter kämpften keineswegs immer vom Sattel aus in einer bestimmten taktischen Konstellation, und auch Bogenschützen, die nicht im Reiten zu schießen verstanden, konnten beritten sein. Je nach Kampfsituation setzten Kriegsakteure unterschiedliche Waffen auf verschiedene Art und Weise ein. Hinzu kommt, dass der Schritt vom unbewaffneten Zuschauer zum bewaffneten Kämpfer mitunter sehr klein war. Im Kontext von Belagerungen griffen etwa Stadtbürger beiderlei Geschlechts aktiv in das Kampfgeschehen ein, oder Gruppen von Bauern setzten sich mit landwirtschaftlichem Gerät zur Wehr. Die Grenze zwischen Werkzeug und Waffe verschwamm dabei ebenso wie die zwischen Kombattanten und Nichtkombattanten. Die Rolle von überwiegend zu Fuß kämpfenden Kriegsteilnehmern im Früh- und Hochmittelalter ist auf Grund der Quellenlage schwer zu bestimmen. In manchen Szenarien – wie etwa den offensiven Aktionen der Wikinger – waren sie dominant. Die Konzentration der Historiographie auf die Reiterelite lässt die Fußkämpfer oftmals in den Hintergrund geraten, und auch normative Texte – wie der *Indiculus loricatorum* – befassen sich mit den gut ausgestatteten, teuren Reiterkriegern, über deren zu Fuß agierende Begleitung wir dann nur spekulieren können. Klar ist, dass Fußkämpfer auch im Früh- und Hochmittelalter eine wichtige Rolle spielten. Das legen allein die Kosten von Pferden oder die Häufigkeit von Belagerungen nahe. Anzunehmen ist aber auch, dass diese Kämpfer nicht den Ausbildungsstand und die Kampfweise der römischen Legionäre hatten.

Ab dem 14. Jahrhundert treten Fußkämpfer dann mehr und mehr ins Licht der Quellen und in den Blick der Militärgeschichte. Grundlegend dafür ist zum einen die Bewaffnung. Sinnbildlich für die neuen Offensivqualitäten von Fußtruppen ist die Hellebarde oder Halmbarte. Sie gehört zu den leichten Stangenwaffen. Diese wurden in der Regel mit beiden Händen geführt und machten wegen ihrer Länge einen Kampf auf größere Distanzen als das Schwert möglich. Die Grundform der Stangenwaffen war der Spieß – etwa mannshoch und mit einer flachen Spitze, so dass er als Stoßwaffe eingesetzt werden konnte. Die Hellebarde ergänzte diese Grundform um ein Beil auf der einen und oftmals einen Haken auf der anderen Seite. Man wollte eine offensive Stangenwaffe konstruieren. Die Beilklinge der Hellebarde konnte als Hiebwaffe eingesetzt, mit dem Haken ein Reiter vom Pferd gezogen werden. Der Schaft dieser Waffen war, anders als die runden Spieße, viereckig, um das Drehen der Waffe und den Einsatz der verschiedenen Bestandteile zu ermöglichen. Da die Länge des Schaftes dem Hieb zusätzliche Energie verlieh, konnten mit dem Haken auch schwere Panzerungen durchschlagen werden. Die Hellebarde war eine offensive Waffe, die den Höhenvorteil der Reiter ausgleichen sollte.

Um dem Anreiten im offenen Feld standzuhalten, war eine

andere Stangenwaffe besser geeignet: der Langspieß, der sich seit dem 14. Jahrhundert als Bewaffnung italienischer Stadtmilizen findet und dann vor allem ab dem 15. Jahrhundert die Kampfweise der Eidgenossen prägen sollte. Wie der Name andeutet, zeichneten sich die Spieße durch ihre beträchtliche Länge aus: Es finden sich Exemplare von über fünf Metern. Auch wenn diese eher die Ausnahme darstellten, verdeutlichen sie das Einsatzprinzip dieser Stoßwaffe. Eine Gruppe von Spießträgern streckte die Langwaffen dem Feind entgegen, der die Waffenträger selbst nicht erreichen konnte. Diese Kampfweise erforderte ein gewisses Maß an Training – für den Einzelkämpfer und für die Formation. Um den Langspieß halten und führen zu können, bedurfte es enormer Körperkraft. Die Spieße wurden zum Teil mit dem Ende im Boden abgestützt, teilweise an der Hüfte oder auf Schulterhöhe gehalten, abhängig von der Stellung des Kämpfers in der Formation. Im 15. Jahrhundert belegen Fechtbücher das Spießfechten und damit, welche Bedeutung diese Waffe und ihre Handhabung erlangt hatte. Teilweise wurden sie mit Parierhilfen – ähnlich wie die Parierstange eines Schwertes – ausgestattet, um die waffenführende Hand zu schützen.

Neben Spieß und Hellebarde war die Gleve weit verbreitet, die ähnlich wie die Hellebarde den Spieß mit einem rückseitigen Haken verband, statt dem Beil aber aus einer oftmals gebogenen geschliffenen Klinge bestand. Andere Waffen waren direkte Weiterentwicklungen von Arbeitsgeräten, so wie das Beil in der Hellebarde. Kriegsflegel entstanden aus Dreschflegeln; die Verbindung von Stange und Flegel wurde verstärkt und der Flegel durch Eisennägel zur Waffe geformt. Die Kriegssichel war wohl eher Notbehelf als effiziente Kriegswaffe.

Auch die Defensivbewaffnung wurde mehr und mehr den Bedürfnissen von Fußkämpfern angepasst. Der runde Eisenhut mit Krempe schützte gegen Gewalteinwirkung von oben und war in verschiedensten Ausformungen mit und ohne Gesichtsschutz seit dem 12. Jahrhundert als Helm verbreitet. Mitunter lief der Hut oben spitz zu, um die Wucht der Schläge abzuleiten. Um 1400 wurde in Deutschland der Schaller – von deutsch

«Schale» – entwickelt, der sich durch einen meist spitz zulaufenden Nackenschutz auszeichnete. Das Gesichtsfeld blieb entweder offen oder wurde von Sehschlitzen, einem «Bart» genannten Kinnschutz oder einem Visier geschützt. Die Körperpanzerung von Fußkämpfern war in der Regel leichter und einfacher als die von Reitern, da sie ausschließlich mit eigener Kraft getragen werden und weniger kostspielig sein musste. Die Übergänge sind hier aber fließend, was etwa auch für die Brigantine gilt. Kleine eiserne Platten wurden auf einem Stoffgewand befestigt, so dass sich bei hoher Beweglichkeit ein lamellenartiger Schutz ergab. Deutlicher waren die Unterschiede bei den Schilden. Auf dem Teppich von Bayeux sind die Schilde von Reitern und Fußkämpfern noch von ähnlicher Größe. Mit zunehmend besserer Körperpanzerung wurden die Schilde der Reiter ab dem 12. Jahrhundert kleiner, während die Fußkämpfer weiterhin große Schilde führten. Sie sollten den ganzen Körper des Kämpfers gegen Fernwaffen und Reiterangriffe schützten. Dazu wurden etwa Pavesen benutzt: mannshohe Setzschilde, die zu einer regelrechten Schildwand zusammengefügt werden konnten. Oftmals hatten sie an der rechten oberen Ecke eine Aussparung, um eine Stangenwaffe aufzulegen. Mitunter waren die Schilde an der Unterseite mit eisernen Spitzen versehen, mit denen sie im Boden verankert werden konnten. Dies erhöhte die Stabilität einer Schildwand, die aber ausschließlich defensiv einsetzbar war.

Während die oben skizzierte Entwicklung der langen, zweihändigen Stangenwaffen einen Schild überflüssig machte, waren Schützen auf diesen Schutz angewiesen. Leichte Fernwaffen – Bogen und Armbrust – wurden meist von Fußkämpfern benutzt, Ausnahmen sind die leichten Bogenschützen zu Pferd, wie sie bei den Ungarn oder den Mongolen zum Einsatz kamen. Beide Waffen wurden in der Jagd und im Krieg benutzt, wobei die adlige Elite sie als Kriegswaffen eher mied. Der Vorteil der Armbrust lag in der vergleichsweise einfachen Bedienung, die ohne viel Training möglich war. Verglichen mit dem Bogen war aber die Schussfrequenz geringer, weil der Ladevorgang aufwändiger war. Daher suchten Armbrustschützen oftmals Schutz hinter großen Schilden. Gerade die mannshohen Langbogen waren auch in Reichweite und Durchschlagskraft überlegen, erforderten aber ein jahrelanges Training. Vor allem im Hundertjährigen Krieg sollten die Langbogenschützen eine wichtige Rolle spielen.

Ein einzelner Fußkämpfer konnte gegen einen Reiterangriff wenig ausrichten. Es bedurfte der geschlossenen Formation, die ihre Stangenwaffen wie ein Igel ausstrecken und so die Reiter auf Distanz halten konnte. Die Spießträger dienten im Spätmittelalter oftmals als Deckung für die offensiveren Hellebardenträger. In dieser Kombination waren Fußkämpfer bis in die Frühe Neuzeit auf den Schlachtfeldern Europas präsent. Dies bedurfte der Koordination und des Trainings, was wiederum bestimmte politisch-soziale Strukturen erforderte. In einer adligen Kriegerkultur, die auf den Ritterkrieger abzielte, war wenig Raum für eine intensive Ausbildung und die taktische Aufwertung von Fußkämpfern. Ein wichtiges Moment der spätmittelalterlichen Entwicklung waren hier die Städte, die nicht nur wirtschaftlich und politisch, sondern auch militärisch mehr und mehr Gewicht erlangten. Hier entstanden militärische Verbände, in denen Fußkämpfer einen wichtigen Platz einnahmen. Stadtbürger verteidigten ihre Kommune mit der Waffe in der Hand, und städtische Quellen berichteten darüber. Auch wenn im Einzelnen schwer präzise zu bestimmen, so scheint die Motivation der Fußkämpfer, die oftmals für eine von ihnen geschätzte Sache fochten, doch bedeutend gewesen zu sein. Dies greift sicherlich bei Belagerungen, wenn die Einwohner ihre Heimstätte und Eigentum verteidigten, aber immer wieder auch in Schlachten außerhalb der Stadtmauern. In der modernen Militärgeschichte werden besonders zwei Schlachten als Wegmarken einer Entwicklung gedeutet, die zur Dominanz der Fußtruppen führte: Am 11. Juli 1302 bezwangen flämische Milizen zu Fuß ein französisches Ritterheer bei Kortrijk in Westflandern (französisch Courtrai). In dieser Schlacht zeigte sich beispielhaft, wie limitiert Panzerreiter gegen geschlossen agierende Fußkämpfer sein konnten. Wir sind über die Bewaffnung der Flamen gut informiert, weil sich zeitgenössische Bild-Schnitzereien zum französisch-flämischen Krieg auf der sogenannten Courtrai-Truhe erhalten haben. Die städtischen Milizen führten Spieße und den sogenannten Goedendag ins Feld, eine Kombination aus Knüppel und Spieß. Sie standen dicht geschlossen auf einem Schlachtfeld, das von diversen Wasserläufen und vorsorglich ausgehobenen Gräben durchzogen wurde. Diese hinderten die französische Ritterelite daran, ihre Angriffe planmäßig durchzuführen. Entscheidender war aber, dass die Fußkämpfer dem ersten Angriff stand- und die Formation geschlossen hielten. So entwickelte sich ein Handgemenge, in dem die Flamen wegen ihrer Stangenwaffen und zahlenmäßigen Überlegenheit Vorteile hatten. Sie konnten die Franzosen gegen Bachläufe zurückdrängen, in denen zahlreiche Pferde und Ritter umkamen. Die Stadtmiliz machte keine Gefangenen, so dass die Verluste der Franzosen horrend waren, mehr als tausend Adlige kamen ums Leben. Die Schlacht erhielt den Namen «goldene Sporen Schlacht», weil die Flamen zahlreiche davon erbeuteten und in der Kirche von Courtrai zur Schau stellten. Goldene Sporen waren ein Statussymbol des Ritterstandes und hier Beleg für eine herbe Niederlage der Standes-Krieger gegen ein städtisches Aufgebot. Militärisch betrachtet zeigte sich vor Courtrai das Potenzial von geschlossen agierenden Fußtruppen in einer offenen Feldschlacht gegen angreifende Reiterverbände. Damit war aber keine allgemeine Trendwende in der Kriegführung des Mittelalters oder des 14. Jahrhunderts eingeleitet. Berittene Verbände behielten ihre taktische Bedeutung und Ritter ihren sozialen Vorrang.

Die zweite Schlacht, die am Anfang des 14. Jahrhunderts für die zunehmende Wichtigkeit von nicht-berittenen Verbänden steht, ist vor allem wegen ihrer politischen Instrumentalisierung für das schweizerische Geschichtsbild bekannt: die Schlacht von Morgarten am 15. November 1315. Sie steht am Anfang einer Reihe für die Eidgenossen erfolgreicher Schlachten (etwa Sempach 1386, Näfels 1388, Grandson und Murten 1476), welche die Grundlage für die Unabhängigkeit legten. Diese Siege basierten auf taktischer Disziplin in einem wohlbekannten Gelände und wurden zu Fuß errungen. Das bergige Terrain rund um Morgarten war für Pferde ungeeignet; Johannes von Winterthur († um 1348), der in den 1340er Jahren die ausführlichste Erzählung zur Schlacht verfasst hat, merkt an, die Schweizer hätten Eisen an den Füßen getragen, um sich im abschüssigen Gelände besser bewegen zu können. Details über diese Schlacht sind den sehr spärlichen und sehr späten Quellen nur bedingt zu entnehmen. Herzog Leopold I. von Österreich († 1326) hatte gegen die aus seiner Sicht rebellischen Schweizer ein Heer zusammengezogen – mit zahlreichen ritteradligen Reitern. Die Schweizer hatten den Ort des Kampfes gut gewählt und an einer unwegsamen Stelle einen Hinterhalt gelegt, in den die Ritter – so wollen es die chronikalischen Berichte – auch deswegen hineineilten, weil sie sich ihres Sieges über Bauerntölpel so sicher waren. Auch wenn diese Darstellung für uns nicht überprüfbar ist, zeigt sich hier doch die enge Verbindung zwischen Sozial- und Militärgeschichte. Dies gilt auch für den Ausgang der Schlacht: Die Schweizer schonten die unterlegenen Ritter nicht, auch weil sie nicht an den adligen Netzwerken teilhatten, die grundlegend für das Lösegeldsystem waren. Mehrere hundert Ritter sollen bei Morgarten gefallen sein, der Herzog entkam nur knapp. Anders als bei Courtrai scheint es hier nicht zu einer koordinierten Reiterattacke gekommen zu sein. Morgarten wurde im Zuge einer erfolgreichen Identitätsfindung der Eidgenossen zum ersten Freiheitssieg stilisiert.

Der Erfolg der eidgenössischen Fußkämpfer mit Stangenwaffen machte sie im Spätmittelalter zu gefragten Kämpfern nicht nur für die eigene Sache, sondern auch gegen Geld für auswärtige Kriegsherren. Söldner waren allgegenwärtig in mittelalterlichen Kriegen: Wilhelm der Eroberer setzte Söldner aus Boulogne bei Hastings ein, Friedrich Barbarossa Brabanzonen in seinen Kämpfen in Oberitalien. Am Beispiel der Brabanzonen lassen sich einige Charakteristika des mittelalterlichen Söldnertums aufzeigen. Diese ursprünglich aus Brabant stammende, vorwiegend zu Fuß kämpfende Truppe war für ihr grausames und kompromissloses Agieren berühmt. Sie wurden im Laufe des 12. Jahrhunderts von verschiedenen Kriegsherren eingesetzt, zuletzt von der antifranzösischen Allianz bei Bouvines.

Wegen der Plünderungen, die sie in den 1160er Jahren begangen hatten, einigten sich Kaiser Friedrich I. und König Ludwig VII. von Frankreich († 1180) 1171 darauf, in einem Gebiet zwischen Paris, den Alpen und dem Rhein keine Söldner mehr einzusetzen. Die Brabanzonen agierten daraufhin aus eigenem Antrieb in Südwestfrankreich, wo sie einem lokalen Aufgebot unterlagen. Gerade größere, geschlossen handelnde Söldnerverbände betrieben ihr Handwerk immer wieder ohne Auftrag auf eigene Rechnung. Auch kam es vor, dass gegeneinander streitende Söldnerverbände kein Interesse an einer zügigen Lösung eines Konfliktes hatten, sondern den für beide Seiten lukrativen Krieg fortsetzen wollten. Mittelalterliche Söldner stellen die moderne Forschung immer wieder vor ein Abgrenzungs- und Definitionsproblem. Sold wurde in verschiedensten Konstellationen und keineswegs nur an auswärtige Kämpfer bezahlt. Auch Ritter, die auf Grund des Lehnsrechtes zum Kriegsdienst verpflichtet waren, konnten dafür Lohn erhalten, Burgbesatzungen wurden für ihre Wachdienste bezahlt. Erst wenn Soldkrieger normalerweise außerhalb des sozio-kulturellen Kontextes des Kriegsherrn standen, werden sie als Söldner bezeichnet. Dies ist manchmal leicht zu erkennen, wenn etwa christliche Söldner für muslimische Herren kämpften, oder umgekehrt. Mitunter sind die Grenzen zwischen Söldnern und anderen Kämpfern aber auch fließend. Söldner wurden in der Regel für eine bestimmte militärische Aufgabe angeheuert und nach Beendigung derselben wieder entlassen. Ihr Vorteil für den Kriegsherren lag in ihrer Professionalität, der Schonung des eigenen Personals und der Flexibilität. Söldner waren dabei nicht auf eine bestimmte Kampfweise oder Bewaffnung festgelegt. Die Schweizer waren mit der Formation der Gevierthaufen erfolgreich. Diese Kampfweise beruhte auf dem Zusammenspiel verschiedener Stangenwaffen zur Abwehr von Reitern (Langspieß) und offensiven Aktionen (Hellebarde). Die an allen vier Seiten gleichermaßen besetzte Formation war für die Fußkämpfer des Mittelalters stilbildend und bis zur Einführung der Feuerwaffen auf den Schlachtfeldern Europas dominierend.

8. Europa im Kampf: Der Hundertjährige Krieg (1337–1453)

Auseinandersetzungen zwischen England und Frankreich waren eine Konstante in der europäischen Geschichte seit dem 12. Jahrhundert. Kern der zahlreichen Konflikte, die mit unterschiedlichen Mitteln und mehr oder weniger intensiv ausgetragen wurden, waren die englischen Besitzungen auf dem Kontinent, in deren Zentrum das Herzogtum Aquitanien im Südwesten Frankreichs mit der Hauptstadt Bordeaux stand. Der englische König war als Herzog Vasall des französischen Königs, was seine Souveränität einschränkte und immer wieder zu Problemen führte. Zudem machten die englischen Könige seit Eduard III. († 1377) ein Erbrecht auf den französischen Thron geltend, was den territorialen Konflikt um eine dynastische Komponente erweiterte. Der französische König Philipp VI. († 1350) entzog Eduard 1337 das Herzogtum, was zu einer kriegerischen Auseinandersetzung führte, deren Ende die moderne Forschung auf 1453 datiert. Die lange Dauer dieses Konfliktes führte zu weitreichenden Konsequenzen auf verschiedenen Ebenen und macht diesen Krieg zu einem der bestuntersuchten des Mittelalters. Am Ende des Krieges verlor England alle Festlandbesitzungen und wurde im geostrategischen Sinne zu einem Inselkönigreich. Das französische Königtum ging nach innen und nach außen gestärkt aus dem Konflikt hervor und schickte sich an, Hegemonialmacht in Europa zu werden. Der langwierige Antagonismus beförderte dabei die Nationsbildung auf beiden Seiten des Kanals, so dass der Krieg, der im 14. Jahrhundert zwischen zwei Königreichen begann, im 15. von zwei Nationen beendet wurde. Die Bezeichnung Hundertjähriger Krieg basiert dabei keineswegs auf einem Rechenfehler, sondern wurde in der französischen Forschung des 19. Jahrhunderts als Hinweis auf die lange Dauer geprägt. Der Krieg dominierte die Geschicke ganzer Generationen in den beteiligten Ländern, aber auch in anderen Regionen Europas, die als Neben- oder Folgekriegsschauplätze betroffen waren. Vor dem Hintergrund einer recht ungleichen Ausgangslage und Ressourcenverteilung überrascht die lange Dauer. Frankreich war an Fläche und Bevölkerung deutlich größer und vermochte dennoch lange Zeit nicht, das kleinere England entscheidend niederzuringen. Dies hat viel mit innerfranzösischen Streitigkeiten zu tun, die von spätestens 1407 bis 1435 in einen Bürgerkrieg mündeten, verweist aber auch auf taktische und strategische Konstellationen. Die Phasen englischer Erfolge (von 1337–1360 und von 1407–1435) sind mit zwei Königen – Eduard III. und Heinrich V. († 1422) –, spektakulären Schlachtensiegen (Crécy und Agincourt) und sehr unterschiedlichen Strategien verknüpft.

Eduard III. trug den Krieg 1339 nach Frankreich, indem er eine Armee aus englischen und verbündeten Verbänden ins Feld führte. Eindrücklich belegen die Quellen, wie diese Truppe agierte: Sie verwüstete und plünderte systematisch, wobei die wichtigste Waffe das Feuer war. Einem Kardinal, der im Auftrag des Papstes zwischen den Konfliktparteien vermitteln sollte, zeigte der Engländer Geoffrey le Scrope voller Stolz von einem Kirchturm aus die im Umkreis von 15 Meilen brennende Umgebung. Hier offenbarte sich in den Augen des Ritters eindrücklich die Effizienz und Machtfülle des Heeres. König Eduard selbst berichtete in einem Brief nach Hause von seinen Erfolgen: Man habe eine ganze Woche lang gebrandschatzt, so dass das Land nun wüst daliege; nach englischen Schätzungen wurden über 2000 Dörfer verheert. Die Kurie entsandte im folgenden Jahr eine Delegation, um die Schäden zu begutachten und Spenden zu verteilen: Manche Städte wurden nur noch von Bettlern bevölkert, etliche Dörfer waren noch immer menschenleer oder ausgerottet. Eine gute Quellenlage erlaubt uns hier Einblicke in eine Kriegsform, die im Mittelalter allgemein gängig war. Plünderungs- und Verwüstungszüge dominierten die Kriegführung, weil sie bei gut kalkulierbarem Risiko hohe Profite und politisch-strategische Vorteile brachten. Direkte Konfrontationen mit bewaffneten Verbänden wurden dabei vermieden, befestigte Plätze oftmals unbehelligt gelassen. Die kriegerische Gewalt richtete sich also nicht gegen die gegnerischen Kämpfer, sondern gegen Personen, die man in moderner Diktion als Nichtkombattanten bezeichnen würde. Die Unterscheidung zwischen Kämpfern, die im Einklang mit dem Recht angegriffen werden konnten, und zu schonenden Personengruppen kannte zwar auch das spätmittelalterliche Kriegsrecht. Die Differenzierung war dabei aber eher situativ als strukturell und hing etwa von der Bewaffnung und den Handlungen der Personen im Krieg ab. Ein Kind, welches Kämpfer unterstützte, wurde von diesem Recht ebenso wenig geschützt wie ein bewaffneter Priester. Dennoch gab es ein grundlegendes Verständnis dafür, dass Bauern und Frauen zu attackieren eines Ritters unwürdig war. Kriegsrechtliche Traktate zielten nämlich in der Regel auf die ritteradlige Elite ab und wollten den Krieg für sie kalkulierbarer und planbarer machen. So finden wir etwa Regelungen zum Lösegeld und zum Schutz von Gefangenen. All diese Vorschriften waren kein kodifiziertes Kriegsrecht, das auf multilateralen Verträgen oder Absprachen basierte; vielmehr waren es oftmals Rechtsgelehrte, die Gewohnheitsrechte aufzeichneten. Diese hatten grundsätzlich nur Geltungsanspruch in innerchristlichen Kriegen, aus christlicher Sicht unterlagen Kriege gegen Heiden keinen Restriktionen. Das will nicht sagen, dass alle Auseinandersetzungen zwischen Christen regelkonform und alle transreligiösen Kriege regellos geführt wurden. Das kriegsrechtlich-theoretische Wissen um zu schonende Bevölkerungsgruppen stand strategischen Überlegungen zum Plünderungskrieg nicht im Wege. Gewalthandlungen gegen Bauern und ihre Ernte waren nicht das Ergebnis von Disziplinlosigkeit, sondern intentional eingesetzte Strategie; Ziel war es dabei zunächst, Beute zu machen. Egal ob die Truppen entlohnt wurden oder auf Grund von rechtlichen Verpflichtungen im Feld standen, Beute war immer ein wichtiges Movens. Es ist in diesem Kontext schwer zu ermitteln, ob sich die Kriegsteilnahme für Kämpfer im Hundertjährigen Krieg ökonomisch rentiert hat. Die Quellenlage zu Aufwendungen und Investitionen ist lückenhaft, ebenso die zu Sold und Beute.

Schließlich scheint es angesichts der sozio-kulturellen Bedeutung der Kriegsteilnahme und diverser rechtlicher Verpflichtungen zweifelhaft, ob buchhalterische Überlegungen ausschlaggebend waren. Wichtig dürfte hingegen die Hoffnung auf Beute und Reichtum gewesen sein, die sich auf Einzelbeispiele stützte. John de Coupland († 1363), der in der Schlacht von Neville's Cross (1346) den schottischen König David II. († 1371) gefangen nahm, wurde dafür in den Rang eines Bannerherren erhoben und erhielt eine sehr lukrative Jahrespension. Auch wenn sich der Kriegseinsatz nicht für alle ökonomisch-monetär lohnte, standen solche Erfolgsgeschichten denjenigen, die überhaupt eine Wahl hatten, doch verlockend vor Augen.

Aber es ging natürlich im Krieg nicht nur um Beute. Aus der Sicht der königlichen Strategen verfolgte das Plündern und Brandschatzen auch andere Ziele. Eduard ging es 1339 zunächst darum, den Herrschaftsanspruch seines Gegners zu diskreditieren und die – auch ökonomische – Grundlage seiner Herrschaft zu treffen. Ein ähnliches Prinzip sehen wir auch im Fehdewesen, dessen Gewalthandlungen sich in Vielem nicht vom Krieg unterschieden. Hier ging es im «Schadentrachten» darum, die Untertanen und Besitzungen des Fehdegegners zu verheeren und diesen so indirekt zu treffen. Eduard wollte darüber hinaus seinen Gegner zur Schlacht bewegen. Die mediävistische Militärgeschichte hat viel über *battle seeking* oder *battle avoiding strategy* diskutiert. Kern dieser Debatte ist die Frage, ob es im Anklang an den spätantiken Militärtheoretiker Vegetius allgemein üblich war, Schlachten grundsätzlich zu meiden. Situationsübergreifende oder gar epochenspezifische Aussagen sind in dieser Angelegenheit problematisch. Rückblickend lässt sich weniger eine allgemeine Maxime als strategische Flexibilität feststellen. Mittelalterliche Feldherren suchten bzw. mieden die Schlacht, wenn es ihnen aus militärischen oder anderen Gründen geboten erschien. Eduard war 1339 sehr an einer Schlacht interessiert, weil seine Allianz brüchig und seine Finanzmittel begrenzt waren. Er brauchte einen schnellen militärischen Erfolg. Philipp von Frankreich verweigerte ihm die direkte Konfrontation, so dass Eduard sich zurückziehen musste, ohne einen durchschlagenden Sieg errungen zu haben. Er blieb aber in den folgenden Jahren seiner Strategie treu: Es ging ihm nicht darum, Gebiete militärisch zu erobern und zu besetzen, sondern er wollte den Gegner durch militärische Erfolge zu Verhandlungen zwingen.

Die erste größere Schlacht des Krieges fand am 24. Juni 1340 statt – freilich nicht zu Land, sondern auf dem Wasser. Eduard war auf dem Weg von England in die Niederlande, als französische Schiffe ihm bei Sluis den Weg versperrten. Die französische Flotte war zahlenmäßig überlegen und bestand aus größeren, schweren Schiffen, die der Engländer waren kleiner und wendiger. Beide Seiten benutzten kaum speziell für den Seekrieg gebauten Kriegsschiffe, vielmehr wurden Handelsschiffe oder Fischerboote requiriert und mit Kämpfern ausgestattet. Dies ist typisch für die allermeisten maritimen Konflikte in Nord- und Ostsee. Es kamen letztlich keine speziellen Seekriegstaktiken zum Einsatz, sondern man kämpfte wie zu Land. Bogenschützen auf englischer und Armbrustschützen auf französischer Seite beschossen den Gegner, dann wurde im Nahkampf von Schiff zu Schiff gekämpft. Mit Enterhaken und Seilen zog man diese zueinander und hielt sie längsseits. Bei Sluis gewannen die Engländer die Oberhand, weil sie die französischen Boote ausmanövrieren und so von mehreren Seiten angreifen konnten, außerdem waren ihre Kämpfer den französischen Matrosen im Nahkampf überlegen. Die französischen Befehlshaber hatten ihre Schiffe mit Ketten verbunden, um dem Feind die Durchfahrt zu verwehren. Einige Quellen berichten darüber hinaus, die englischen Schiffe hätten die Sonne im Rücken gehabt und seien daher nur sehr spät auszumachen gewesen. Die französischen Verluste waren horrend. Der Chronist Jean Froissart († um 1405) merkte hierzu an: «Es war in der Tat eine blutige und mörderische Schlacht. Kämpfe zu Wasser sind immer heftiger als solche zu Land, weil Rückzug und Flucht unmöglich sind.» Es sollen zwischen 16000 und 18000 Franzosen ums Leben gekommen sein. Nur wenige Schiffe der französischen Flotte konnten sich dem Kampf entziehen, darunter auch die wenigen Kriegsschiffe: Sechs genuesische Galeeren, welche die französische Flotte verstärken sollten, machten sich ihre Manövrierfähigkeit zu Nutze und zogen sich zurück. Nach Sluis gelang es den Franzosen im Verlaufe des Hundertjährigen Krieges nicht mehr, den Schiffsverkehr auf dem Kanal zu kontrollieren oder zu unterbinden. Die italienischen Galeeren verweisen auf die Seekriege im Mittelmeer; hier wurde mit Galeeren operiert, die vom Wind unabhängig und beweglich waren. Anders als ihre antiken Vorgänger verfügten diese aber offensichtlich nicht mehr über Rammsporne. Große Seeschlachten zwischen zahlreichen Kriegsschiffen auf hoher See waren im Mittelalter selten, öfter wurde in Landnähe gekämpft und Landungsoperationen von Schiffen aus unterstützt. Erst mit der Bestückung mit Kanonen im Verlaufe des 15. Jahrhunderts begann eine Entwicklung, die zu den Seekriegen der frühen Neuzeit führte.

1346 gelang es König Eduard III. schließlich, auch eine Landschlacht zu erzwingen. Philipp VI. konnte sich der Konfrontation nicht länger verweigern, weil die evasive Strategie seiner Reputation als König und Ritter abträglich war. Die kriegeradlige Elite Frankreichs war nicht länger bereit, die Engländer unbehelligt im eigenen Land zu dulden. Diese Einstellung bildete die Grundlage für Eduards Erfolg in der Schlacht von Crécy; er kombinierte eine offensive Strategie, welche den Krieg tief in das französische Königreich hineintrug, mit einer defensiven Schlachttaktik. Es spricht einiges dafür, dass die Schlacht an einem von Eduard vorab avisierten Ort stattfand und genau nach seinem Plan ablief. Die englischen Ritter fochten zu Fuß Seite an Seite mit den Bogenschützen in einer defensiven Aufstellung und wehrten die Reiterangriffe der französischen Ritter ab und fügten ihnen dabei schwere Verluste zu. Die Franzosen ritten wohl 15 Mal erfolglos an, was die hohe Bedeutung von Ehrvorstellungen für die Schlachttaktik belegt. Der englische Sieg basierte auf der Kooperation von gepanzerten Rittern und Langbogenschützen, die den auf französischer Seite agierenden Armbrustschützen aus Genua deutlich überlegen waren. Crécy war die größte Schlacht des Hundertjährigen Krieges und Grundlage für die Feldherrn-Reputation Eduards III. Eine Entscheidung im Krieg brachte sie nicht. Die Engländer konnten zwar die wichtige Hafenstadt Calais erobern, welche bis 1588 in englischer Hand bleiben sollte, den Franzosen aber keine entscheidenden Zugeständnisse abringen.

Daher führten sie weitere Plünderungszüge durch, von denen einer 1356 bei Poitiers erneut zu einer großen Feldschlacht führte, diesmal aber ohne dass die Engländer sie gesucht hätten. Vielmehr gelang es dem französischen König Johann II. († 1364), die vom englischen Thronfolger, dem schwarzen Prinzen († 1376), geführte Truppe auszumanövrieren. Die Schlacht hatte für Johann den schlechtestmöglichen Ausgang: Er geriet nach einem englischen Sieg in Gefangenschaft. Selbst der Tod des Königs hätte nicht vergleichbare Konsequenzen gehabt, da in einer Erbmonarchie wie der französischen ein Nachfolger bereitgestanden hätte. Die Führungsrolle des Monarchen im Krieg und im Frieden war im Prinzip unangefochten, die diversen Niederlagen der französischen Ritterschaft führten aber zu einem Aufbegehren gegen ihren Vorrang. Ein Bauernaufstand, die sogenannte Jacquerie, erschütterte das Königreich, ohne einen grundlegenden Wandel zu erzeugen. Johanns Freilassung war der zentrale Verhandlungsgegenstand zwischen England und Frankreich, was auf die personale Ausdeutung von Königsherrschaft verweist. Die Verhandlungen, die Johann in London mit Eduard führte, mussten von den Ständen in Paris gebilligt werden; diese stellten – ganz im Sinne des modernen Staatsgedankens – das Wohl Frankreichs über das Wohl des Königs und lehnten zu weitreichende Zugeständnisse ab.

Nun änderte sich auch die französische Kriegsstrategie: Nach Poitiers verweigerte sie konsequent die Schlacht und ließ englische Offensiven ins Leere laufen. Die Serie von Niederlagen führte dazu, dass diese Strategie nun auch von der ritteradligen Elite akzeptiert wurde. Friedensverhandlungen führten 1360 zum Vertrag von Brétigny, welcher enorme Gebietsgewinne für England, die Freilassung Johanns und den Verzicht Eduards auf die französische Krone festschrieb. Das hohe Lösegeld legte den Grundstein für die erste kontinuierliche Steuer im französischen Königsstaat. Dieser Friede war aber nicht von Dauer, weil beide Seiten überzeugt waren, ein besseres Ergebnis erreichen zu können. Hierbei trug zunächst die französische Strategie Früchte: Karl V. († 1380), der Sohn Johanns, führte seine Kriege vom Schreibtisch aus und setzte mit Bertrand du Guesclin († 1380) auf einen Heerführer, für dessen Beförderung nicht die hochadlige Herkunft, sondern militärische Kompetenz entscheidend war – ein Anzeichen für die langfristige Entwicklung hin zum nicht-adligen Offizier. In kurzer Zeit vermochten die Franzosen, alle an die Engländer abgetretenen Gebiete zurückzuerobern; Versuche, den Krieg über den Kanal zu tragen, scheiterten jedoch.

Eine neue Wende brachten innerfranzösische Konflikte, die durch die temporäre Geisteskrankheit König Karls VI. († 1422) und die daraus resultierenden Regentschaftsregelungen ausgelöst wurden. Der Bürgerkrieg zwischen den Burgundern und den Armagnaken spaltete das Land und spielte Heinrich V. von England in die Hände. Dieser König wurde auf Grund seiner militärischen Erfolge zum Nationalhelden und dient heute in Managerseminaren als Inspirationsquelle. Shakespeare legte ihm eine der berühmtesten Schlachtreden in den Mund und ließ ihn bei Agincourt die *lucky few* rühmen, die sich den Franzosen entgegenstellen durften: «The fewer men, the greater share of honour.» Heinrich erneuerte den Krieg und trat damit ein Stück weit in die Fußstapfen Eduards III., wenn auch mit einer grundlegend anderen Strategie. Sein spektakulärster Erfolg war der Sieg bei Agincourt 1415, den die moderne englische Militärgeschichte voller Nationalstolz noch heute mitunter als «triumph against the odds» tituliert. Mit einem zahlenmäßig deutlich unterlegenen Heer, das überwiegend aus Bogenschützen bestand, gelang ein Sieg gegen ein bestens gerüstetes Ritterheer. Die Bogenschützen hatten vor sich angespitzte Holzpfähle in den Boden gerammt, um gegen einen Reiterangriff gerüstet zu sein. Das Schlachtfeld war zu eng, als dass die Franzosen ihre nummerische Übermacht ausspielen konnten, Matsch und der Pfeilbeschuss behinderten sie beim Angriff. Die Engländer kämpften zu Fuß und brachten den anrennenden Franzosen erhebliche Verluste bei. Berühmt wurde die Schlacht auch deswegen, weil Heinrich hier den Befehl gab, die bis dahin gemachten Gefangenen zu töten; er befürchtete, dass diese bei einem erneuten Angriff zur Belastung werden könnten. Dies entsprach ganz und gar nicht den kriegsrechtlichen Gepflogenheiten, wurde von der zeitgenössischen Historiographie aber mit weit weniger kritischer Aufmerksamkeit bedacht als von Teilen der modernen Forschung. Agincourt – hierin Crécy nicht unähnlich – brachte nur wenige unmittelbare strategische Vorteile, steigerte aber das Renommee des Siegers und die Bereitschaft des englischen Parlamentes, Kriegssteuern zu bewilligen, enorm. Heinrich ging nun daran, die Normandie systematisch zu erobern und so eine englische Machtbasis in Frankreich zu schaffen. Sein Ruhm in der englischen Geschichte rührt auch daher, dass er 1422 überraschend mit Anfang Dreißig verschied. Anders als Eduard III. starb er, bevor das Scheitern seiner Kriegspartei offensichtlich wurde.

In der Schlussphase des Hundertjährigen Krieges kam die französische Übermacht mehr und mehr zum Tragen. Dabei spielte das Auftreten der Jeanne d'Arc († 1431), die den Franzosen neue Hoffnung brachte, und vor allem das Ende des innerfranzösischen Konfliktes durch den Frieden von Arras 1435 eine wichtige Rolle. Man kann es als Ausweis der englischen Hartnäckigkeit lesen, dass der Krieg trotz allem bis 1453 andauerte, als die Engländer mit der Schlacht von Castillon (östlich von Bordeaux) alle Besitzungen in Frankreich – mit Ausnahme von Calais – verloren. Der französische König Karl VII. († 1461), den die Jungfrau von Orléans 1429 zur Krönung in Reims geführt hatte, setzte konsequent auf neue Techniken und eine Professionalisierung der Kriegführung. Bei den Rückeroberungen befestigter Plätze kamen pulvergetriebene Geschütze zum Einsatz. Kanonen waren schon seit dem 14. Jahrhundert bekannt und wurden etwa auch bei Crécy benutzt, aber ohne nennenswerte Auswirkungen. Erst der systematische Ausbau von Artillerieparks unter spezialisierter Führung machte Kanonen zu einer kriegsentscheidenden Waffengattung. Bezeichnenderweise übertrug Karl das Kommando über seine Artillerie den Gebrüdern Bureau, die sich vorher als Finanzfachleute ausgezeichnet hatten. Kanonen und Pulver waren extrem kostspielig, was ganz im Sinne Karls VII. dazu beitrug, die Kriegführung zu monopolisieren. Letztlich konnte sich nur der König diese Ausgaben leisten, weswegen er als einziger Akteur diese modernste Art des Krieges führen konnte. Militärisch und politisch ging das französische Königtum als Sieger aus dem Hundertjährigen Krieg hervor. Wie sehr sich die taktischen Vorzeichen vom 14. zum 15. Jahrhundert gewandelt hatten, zeigt sich an der letzten Schlacht des Krieges: Bei Castillon ritt der englische Heerführer John Talbot († 1453) – auf Grund eines ritterlichen Schwurs ohne Helm und Rüstung – zu Pferd mit einem Heer von Bogenschützen gegen das befestigte, mit Kanonen bestückte Feldlager der Franzosen an. Er und seine Männer wurden niedergeschossen. Etliche Aspekte, welche die Kriege des Mittelalters lange ausgemacht hatten, kamen hier zu einem Ende.

9. Spätmittelalterliche Städte im Krieg und die Einführung von Pulverwaffen (14.–15. Jahrhundert)

Ansiedlungen waren seit jeher wichtige Ziele kriegerischer Aktionen. Je weiter sich die politische Autonomie und ökonomische Valenz von Städten entwickelte, desto wichtiger wurde auch ihre aktive militärische Rolle im Verlauf des Spätmittelalters. Ein Merkmal der Unabhängigkeit und stolzes Emblem auf vielen Siegeln war die Stadtmauer. Sie schied die Stadt weithin sichtbar vom Umland, hatte rechtliche, ökonomische und symbolische Funktion und war Grundlage von deren militärisch-defensiver Bedeutung. Beschaffenheit und Materialien variierten je nach Region und Mode. Sie zielte zunächst darauf ab, den Zugang zur Stadt zu erschweren. Dazu wurden hohe Mauern, Zwingermauern, Gräben (mit und ohne Wasser) und andere Zugangshindernisse errichtet. Türme dienten dem besseren Überblick und verschafften den Schützen die Möglichkeit, auf Angreifer an der Mauer zu schießen. Mitunter wurden sie als Schalentürme ausgeführt: Zur Stadtseite waren sie offen, was die Baukosten reduzierte und verhinderte, dass der Turm im Falle einer Eroberung als eigenständige Befestigung genutzt werden konnte. Die Tore wurden besonders geschützt und waren dennoch der Schwachpunkt bei vielen Belagerungen. Alle Elemente der mittelalterlichen Stadtbefestigung unterlagen einem Wandel, dessen Elemente man in der Rückschau erkennen kann, ohne einzelne Entwicklungsstufen zuverlässig zeitlich verorten zu können. Da die Kosten für die Stadtbefestigung beträchtlich waren und oftmals den größten Posten im Haushalt ausmachten, wurden nicht alle wehrtechnischen Neuerungen zeitnah umgesetzt. So blieben antike Stadtmauern lange in Betrieb und bildeten – wie etwa in Regensburg – sogar den Ausgangspunkt der mittelalterlichen Stadtentwicklung. Noch im

Dreißigjährigen Krieg (1618–1648) sehen wir mittelalterliche Stadtmauern in Nutzung, obwohl sie den frühneuzeitlichen Kanonen nicht gewachsen waren. Oftmals machten sich die Befestigungen die geographischen Gegebenheiten zu Nutze. So schlossen etwa halbkreisförmige Mauern eine am Flussufer gelegene Siedlung daumenförmig ein, was sich noch heute in den Parkanlagen erkennen lässt, die nach Niederlegung der Stadtbefestigung in der Moderne entstanden. Die militärische Entwicklung von Stadtmauern wurde vor allem durch die Einführung von Kanonen beeinflusst. Die Mauern wurden flacher und massiver, um dem Beschuss standzuhalten und gleichzeitig Geschützen Platz zu bieten. Die Vorfeldgestaltung geriet immer aufwändiger, um die feindlichen Kanonen fernzuhalten, die Stadtbefestigungen glichen sich Festungsbauten an, wenn sich die Stadt dies leisten konnte.

Waffentechnische Änderungen erhöhten ebenso die Anforderungen an die Stadtbevölkerung. Die Verteidigung der Stadt war jetzt eine kommunale Aufgabe, an der sich die männlichen wehrfähigen Einwohner beteiligen mussten, egal zu welcher Berufsgruppe oder sozialem Stand sie gehörten. Auch jüdischen Einwohnern, die in etlichen Bereichen rechtlich benachteiligt waren, wurde ein Mauerabschnitt zur Verteidigung zugewiesen; von den Wachdiensten ausgenommen waren hingegen Ratsmitglieder und Kleriker. Aus Zwickau ist zu 1348 eine Wachordnung überliefert, die für Friedenszeiten festlegt: Jeder Mann muss persönlich Wachdienst halten oder seinen Freund, Sohn oder Knecht schicken, oder «einen also vornunftigen miten». Der nächtliche Wachdienst wurde als zeitaufwändige Belastung empfunden; deswegen heuerten Bürger, die sich dies leisten konnten, einen bezahlten Ersatz an. Dies entlastete nicht nur den Arbeitsalltag wohlhabender Stadtbürger, sondern verweist auch auf die zunehmende Ökonomisierung und Professionalisierung des städtischen Kriegswesens, das in vielen Bereichen zunehmend von Söldnern geprägt wurde. Die Zwickauer Ordnung schiebt diesen Tendenzen aber auch einen Riegel vor. Während es in Friedenszeiten statthaft war, einen Ersatzmann zu mieten, wurden die Bürger in Zeiten der Gefahr zum persönlichen Dienst verpflichtet. Hier schwingt ein gewisses Misstrauen gegen Lohnkrieger und die Annahme mit, dass die persönliche Verbundenheit des Stadtbürgers dessen Verteidigungseinsatz positiv beeinflusst. Aus etlichen Berichten gewinnt man den Eindruck, dass städtische Kämpfer sehr genau wussten, wofür sie kämpften, und entsprechend motiviert agierten. Der Wachdienst der Bürger richtete sich dabei nicht nur gegen äußere Feinde, sondern galt auch dem Brandschutz und der Kontrolle der nächtlichen Ausgangsperre, die für viele spätmittelalterliche Städte belegt ist. Bei Einbruch der Dunkelheit wurden die Stadttore geschlossen und der Wehrcharakter einer ummauerten Stadt ebenso greifbar wie die Überwachungsmechanismen der Kommune. Jeder männliche Bürger war verpflichtet, sich zu bewaffnen, und es finden sich zahlreiche Bestimmungen, etwa im Magdeburger Recht, zur sogenannten Heergewette. Zu diesem Sondervermögen des Mannes gehörten Waffen und andere Ausrüstungsgegenstände, die nicht veräußert, aus der Stadt gebracht oder aufgeteilt werden durften. Auch aus Kreditregelungen wird die Bedeutung der bürgerlichen Wehrfähigkeit deutlich. Aus dem schweizerischen Biel liegt für 1305 eine Regelung vor, nachdem die jüdischen Kreditgeber verpfändete Waffen im Notfall schnell an die Bürger zurückgeben müssen.

Städte waren aber nicht ausschließlich in der Defensive kriegerisch tätig. Als Teil ihrer Verpflichtungen gegenüber den Stadt- oder Landesherren oder aus eigenem politischen Antrieb agierten sie zunehmend offensiv auch außerhalb des eigentlichen Stadtgebietes. Im 14. Jahrhundert schlossen sich mehrere Reichs- und freie Städte zum Rheinischen und Schwäbischen Städtebund zusammen, um ihre Interessen gegenüber dem Landadel zu wahren. Ein wichtiges Instrument hierbei war die gegenseitige militärische Unterstützung. 1388–1389 kam es zum sogenannten ersten oder süddeutschen Städtekrieg, in dem die Städtebünde vor allem gegen den Herzog von Bayern und den Grafen von Württemberg vorgingen. Festnahmen von Bürgern, Plünderungen und Schadentrachten bestimmten die Strategie. Im Zuge der Plünderungszüge kam es aber auch zu Feldschlachten. Noch vor dem Städtekrieg hatte 1377 ein Aufgebot der Reichsstadt Reutlingen Ulrich von Württemberg († 1388) bezwungen und reiche Beute gemacht. 1388 aber unterlag ein Aufgebot des Bundes Graf Eberhard von Württemberg († 1392) bei Döffingen, was den Niedergang der Städtebünde einleitete. Über die militärischen Details beider Schlachten ist nur wenig überliefert, es zeigt sich aber, dass städtische Kontingente ebenbürtige Gegner für ritteradlige Krieger sein konnten. Dies sehen wir erneut im 15. Jahrhundert, als einzelne Städte oder Städtebünde erfolgreich waren. Im Alten Zürichkrieg (1436–1446) behaupteten sich die eidgenössischen Städte gegen Zürich, das mit König Friedrich III. († 1493) aus dem Haus Habsburg verbündet war. Obwohl dieser sogar vom französischen Dauphin mit einem starken Heer unterstützt wurde, gelang es nicht, den Städtebund zu bezwingen. Zwischen 1444 und 1449 standen sich der Erzbischof von Köln und die Stadt Soest in der sogenannten Soester Fehde gegenüber – auch hier obsiegte die Stadt. Im sogenannten zweiten süddeutschen Städtekrieg kämpfte 1449–1450 die Reichsstadt Nürnberg gegen Markgraf Albrecht Achilles von Brandenburg († 1486), einen der mächtigsten Reichsfürsten. Trotz diverser Gefechte mit wechselnden Vorteilen und eines intensiven Abnutzungskrieges gelang keiner Seite ein entscheidender militärischer Sieg.

Ihr ökonomisches Potenzial machte Städte auch zu wichtigen Faktoren in den kriegerischen Aktionen ihrer Landesherren. So griffen die Wettiner im Laufe des 15. Jahrhunderts immer wieder auf ihre Stadt Leipzig zu und forderten Kriegsunterstützung an: 1426 waren es 68 gewappnete Schützen, 10 Handbüchsen und Wagen mit Pulver und Proviant für 14 Tage; 1446 schon 200 Schützen mit Armbrüsten, zwei Steinbüchsen mit je 30 Steinen und einem Büchsenmeister, ein Zimmermann mit vier Knechten und 1474 schließlich 350 Fußkrieger und Wagenknechte, 30 Wagen und eine Steinbüchse. Bei etwa 9000 Einwohnern entspricht dies einem Anteil von bis zu 15 Prozent der Bevölkerung nur für offensive Aktionen außerhalb der Stadt. In welchem Maße die Städte als Reservoir für Kämpfer begriffen wurden, zeigt sich etwa rund um die Schlacht von Aussig 1426. Im Kontext der Hussitenkriege unterlagen wettinische Verbände in der Nähe dieser heute tschechischen Stadt unter hohen Verlusten am 16. Juni. Kurz vor der Schlacht war ein Leipziger Kontingent beordert worden, unmittelbar danach forderte der Landesherr erneut zehn Schützen an.

In den Leipziger Aufgebotslisten scheint eine der wesentlichen kriegstechnischen Neuerungen des Spätmittelalters auf: die Einführung pulvergetriebener Schusswaffen. Das Schießpulver veränderte die Kriegführung in Europa nachhaltig. Dies war weniger ein revolutionärer Akt als vielmehr ein schleichender Prozess, der sich über zwei Jahrhunderte und viele Entwicklungsschritte vollzog. Am Ende des Mittelalters wurde ein technischer Stand erreicht, der in vielen Aspekten noch weit von den Kanonen und Gewehren entfernt war, die in der Moderne die Schlachtfelder Europas beherrschen sollten. Mittelalterliche Schusswaffen blieben trotz aller Neuerungen nur eine Waffenart neben anderen und verdrängten andere Fernwaffen – wie etwa die Armbrust – nie vollständig. Technische Entwicklungen bezogen sich auf alle drei Bestandteile der neuen Waffen: Geschütz, Munition und Pulver. Als Schießpulver wurde eine Mischung aus Holzkohle, Salpeter und Schwefel benutzt, das zunächst in Form des sogenannten Mehlpulvers Verwendung fand. Die Verbindung der Bestandteile war nicht sehr stabil und das Gemisch brannte nur langsam, was den Einsatz in Geschützen verkomplizierte; hier kam es auf eine möglichst konzentrierte Explosionsentfaltung an, um das Geschoss effizient anzutreiben. Im Verlauf des 15. Jahrhunderts wurde daher die Körnung des Pulvers entwickelt, die das Pulver haltbarer machte und die Brenngeschwindigkeit erhöhte. Verschossen wurden zunächst Steinkugeln, woher die Bezeichnung der frühen Geschütze als Steinbüchsen herrührt. Diese Munition war vergleichsweise leicht zu beschaffen und herzustellen, hatte aber gegenüber den Eisenkugeln, die ab dem 15. Jahrhundert geschmiedet oder gegossen wurden, erhebliche Nachteile. Die Passgenauigkeit von Geschoss und Lauf war in der Regel mangelhaft, so dass Teile der Explosionsenergie an der Kugel vorbei verpufften. Um dies zu verhindern, wurden die Kugeln im Ladevorgang «verschoppt». Die Lücken zwischen Geschoss und Geschützlauf wurden mit feuchtem Sand oder Lehm verschlossen. Vor dem Schuss musste das Austrocknen dieser Materialien abgewartet werden, was die Schussfolge deutlich verringerte. Aus chronikalischen Darstellungen ergibt sich für manche großen Belagerungsgeschütze eine Schussfrequenz von zwei bis drei Schuss pro Tag. Eisenkugeln erreichten bei geringerer Größe höhere Durchschlagskraft und vergrößerten so den angerichteten Schaden. Bis zur Normierung bestimmter Kaliber mussten die Kugeln für das jeweilige Geschütz angefertigt oder angepasst werden.

Der Vorteil der Büchsen gegenüber anderen Belagerungswaffen lag in der Flugbahn der Geschosse. Vor den Kanonen kamen schwere Fernwaffen zum Einsatz, welche die Projektile durch Torsionskraft oder Hebelmechanik beschleunigten. Die größten dieser Belagerungsgeschütze waren die Blide oder der Tribock, welche aus einem beweglich gelagerten Wurfarm und einem Gegengewicht bestanden. Wurde dieses durch Schwer- oder Zugkraft nach unten beschleunigt, schnellte das andere, geschosstragende Ende nach oben. Der so ausgeführte Schuss konnte sehr große Gewichte (über eine Tonne) über weite Strecken (über 100 Meter) transportieren. Die Flugbahn der Geschosse war dabei stets gekrümmt, so dass diese schräg von oben auf ihr Ziel trafen. Kanonen beschossen Mauern oder andere militärische Ziele hingegen direkt, was die Zerstörungskraft erhöhte. Solche Geschütze gewannen vor allem bei Belagerungen strategische Bedeutung, konnten allerdings nur mit hohem Aufwand bewegt und ausgerichtet werden. Bis in die 1430er Jahre wurden sie auf der Erde aufgestellt, so dass ein Positions- und Zielwechsel sehr langwierig war. Erst die Erfindung von Blocklafetten machte die Geschütze beweglicher und ein Neuausrichten zwischen zwei Schüssen leichter. Ab der Mitte des 15. Jahrhunderts wurden auch kleinere Feldgeschütze eingesetzt, die wegen der hohen Anforderungen an die Geschützmannschaften und der niedrigen Ladefrequenzen im Mittelalter aber nicht zu einer entscheidenden Waffengattung wurden. Die Qualität der Waffen verbesserte sich allerdings stetig. Ab der Mitte des 15. Jahrhunderts wurden sie zunehmend gegossen, vor allem aus Bronze.

Gegenüber den aus Stäben und Ringen zusammengeschmiedeten «Stabringgeschützen» hatte dies den Vorteil, auch bei großen Waffen gut geschlossene und glatte Läufe und Kammern zu produzieren. Das Verfahren machte die Produktion aber noch aufwändiger, da zunächst Glockengießer, später spezialisierte Kanonengießer auf eine wenig mobile Infrastruktur und teure Rohstoffe angewiesen waren. Das größte im Mittelalter gegossene Geschütz wurde für Sultan Mehmed II. (gest. 1481) 1464 hergestellt und konnte bei einer Länge von über fünf Metern Kugeln mit einem Durchmesser von 63 Zentimetern verschießen. Geschütze wie dieses waren enorm teuer und nur bei sehr aufwändigen und langwierigen Unternehmungen einsetzbar.

Während schwere Belagerungsgeschütze schon im Laufe des 15. Jahrhunderts die Kriegführung bestimmten und etwa in der Spätphase des Hundertjährigen Krieges ein entscheidender Vorteil in den Händen des französischen Königs waren, blieben leichte Feuerwaffen im Mittelalter nur eine Waffe neben anderen. Erste Handbüchsen sind schon für die Mitte des 14. Jahrhunderts belegt. Anfangs wurde schlicht ein Rohr mit einer Bleikugel und Pulver gefüllt, welches über ein Loch entzündet wurde, so dass sich der Schuss löste. Verschiedene Waffentypen unterschieden sich nach Größe und Einsatzort. Handbüchsen konnten von einem Schützen entweder freihändig oder mit Hilfe einer mobilen Auflage bedient werden, Hakenbüchsen hatten an der Unterseite einen Haken, der im Zusammenspiel mit einer festen Stütze – etwa der Unterkante einer Schießscharte – den Rückstoß ausgleichen sollte. Verschiedene Formen von Schießscharten, die für Bogen, Armbrüste oder Büchsen ausgelegt waren, belegen das Nebeneinander dieser Waffen und ihre hohe Bedeutung vor allem bei der Verteidigung. Handbüchsen durchliefen in Laufe des 15. Jahrhunderts einige technische Verbesserungen, die sich vor allem auf den Zündmechanismus bezogen. Zunächst wurde das Pulver mit Hilfe eines glühenden Eisens entzündet, welches wiederum in Kohlebecken angeheizt wurde. Dies schränkte die Mobilität der Schützen deutlich ein. Ab den 1440er Jahren wurden daher Lunten benutzt, die jeder Schütze glimmend bei sich trug, was in Kombination mit den Pulverladungen ein erhebliches Risiko darstellte. Ab den 1450er Jahren ergänzte man die Rohre um eine kleine Pulverpfanne, was die Zündung auf der dem Schützen abgewandten rechten Seite der Waffe ermöglichte. In der zweiten Hälfte des 15. Jahrhunderts kam das Luntenschloss auf, dessen Mechanik das glimmende Ende der Lunte in die Pulverpfanne senkte. Dieses wurde gegen Ende des 15. Jahrhunderts durch das Luntenschnappschloss abgelöst, dessen Federmechanik eine Fehlzündung verhindern und dem Schützen das Feuern ermöglichen sollte, ohne die Waffe loszulassen. Trotz all dieser technischen Errungenschaften blieb die Effizienz einer Büchse verglichen mit anderen leichten Fernwaffen sehr begrenzt. Bogen und Armbrust konnten ihre Wirkung auf deutlich größere Distanz und mit höheren Frequenzen erzielen. Büchsen waren auf eine Entfernung zwischen 30 und 50 Metern am effizientesten, was bedeutete, dass in einer Schlacht nur ein Schuss abgegeben werden konnte, bevor der Gegner sich in Nahkampfdistanz befand. Schützen wurden daher in größeren Verbänden und in Kombination mit anderen Waffengattungen – wie etwa Spießträgern – eingesetzt, hinter deren Schutz sie sich zurückziehen konnten, nachdem sie ihren einen Schuss abgefeuert hatten. Der Vorteil der Büchsen lag also weniger in der Effizienz der einzelnen Waffe begründet. Sie setzten sich mehr und mehr durch, weil ihre Produktion billig und ihre Handhabung einfach war. Der Herstellungsprozess einer Rohr-Büchse war simpel verglichen mit dem hohen Aufwand und handwerklichen Können, das etwa in einer Armbrust steckte. Gleiches galt für die Munition. Während der Büchsenschütze seine Munition einfach von einem Stück Blei abtrennen konnte, musste ein Pfeil aufwändig geschnitzt und ausbalanciert werden. Büchsen ließen sich schnell herstellen und ohne langwierige Ausbildungszeiten in großen Mengen zum Einsatz bringen.

10. Neue Bedrohungen für das Heilige Römische Reich: Kriege gegen die Türken, Hussiten und Burgunder (14.–15. Jahrhundert)

Kriegswesen und Reichsverfassung waren im Heiligen Römischen Reich des 15. Jahrhunderts eng miteinander verknüpft, was unter anderem an äußeren Bedrohungen lag – wie etwa durch die Türken, Hussiten oder das Herzogtum Burgund. Dies waren politische und auch militärische Herausforderungen, welche die Kräfte einzelner Akteure überforderten. Wir sehen daher im Verlauf des 15. Jahrhunderts eine Veränderung in der Heeresverfassung des Reiches, die Ernst Schubert als Entwicklung vom «Königskrieg» zum «Reichskrieg» charakterisiert hat. Die Organisation der Kriege, die für das und vom ganzen Reich geführt wurden, erfuhr entscheidende Veränderungen, die parallel zu anderen Verfassungsentwicklungen liefen, die zum Dualismus zwischen König und Reichsständen und zu einer «gestalteten Verdichtung» (Peter Moraw, *Verfassung*) des Reiches führten. Aus der Tradition der Romzüge der deutschen Könige, die sich in der Heiligen Stadt zum Kaiser krönen lassen wollten, hatte sich eine lehnsrechtliche Verpflichtung zur Heeresfolge entwickelt. Auf dieser Grundlage mussten die Vasallen dem König Truppen zur Verfügung stellen. Dieses Prinzip wurde auf eine breitere und überpersonale Grundlage gestellt, als auf einem Reichstag in Nürnberg 1422 die Reichsmatrikel beschlossen wurden. Hier wurde festgehalten, wie viele Truppen jede Herrschaft zu stellen hatte, der Erzbischof von Mainz etwa 50 Glefen, die Herren von Lippe eine, die Stadt Halberstadt zehn zusammen mit zehn Schützen. Glefe – von lateinisch *gladius* – bezeichnet hier eine Einheit von einem berittenen Kämpfer und weiteren drei bis vier Mann. Die Reichsmatrikel verzeichneten erstmals die Gesamtheit des Reiches, wobei die Heerespflicht Grundlage dessen wurde, was man später Reichsunmittelbarkeit nannte. Für die Reichsverfassung und die Rekrutierungsmechanismen war entscheidend, dass die Verpflichtung, Truppen zu stellen, von der Person des Fürsten hin zum jeweiligen Fürstentum auf der Grundlage von dessen Leistungsfähigkeit verschoben wurde. Damit war nicht mehr die persönliche Nähe zum Herrscher oder die regionale Ausrichtung des Kriegszuges entscheidend, sondern der Beschluss des Reichstages und die daraus resultierende Verpflichtung der Stände: Aus dem königlichen Heer des Hochmittelalters wurde das Reichsheer. 1496 legte ein Reichstag zu Lindau fest, dass der König ohne die Zustimmung der Reichsstände keinen Krieg führen durfte. Das Reichsaufgebot war Ausgangspunkt und zentraler Verhandlungsbestandteil zahlreicher Versammlungen im 15. Jahrhundert, auf denen die Leistungsfähigkeit einzelner Fürstentümer ebenso debattiert wurde wie Fragen nach der Um- und Durchsetzung der Verpflichtungen. Zahlreiche Matrikel resultierten nämlich gar nicht in tatsächlicher Truppenstärke im Feld; rechtliche Anforderungen und die tatsächliche Bereitschaft zur Truppenstellung klafften in einem System, das nur sehr bedingt über Zwangsmittel verfügte, mitunter weit auseinander. Die Truppengröße der Matrikel war beträchtlich und demonstriert die militärische Leistungsfähigkeit des Reiches. So wurden 1521 für einen Romzug Karls V. († 1558) über 4000 Reiter und über 20 000 Fußkämpfer festgelegt. Das Reichsheer wurde dabei immer nur für eine konkrete Aufgabe zusammengerufen und stellte kein stehendes Heer dar. Damit blieb die militärische Schlagkraft des Reiches hinter der Englands oder Frankreichs zurück, war aber keineswegs wirkungslos. Die Abkehr vom personalen Ansatz des Lehnsheeres ging einher mit einer Fiskalisierung des Kriegswesens, das mehr und mehr auf Soldtruppen zurückgriff und den Reichsständen die Möglichkeit einräumte, ihren Verpflichtungen durch Geldzahlungen nachzukommen. «Nicht mehr der Fürst musste bluten wie bei den hochmittelalterlichen Königskriegen, sondern seine Kasse» (Ernst Schubert, *Spätmittelalter*, S. 236).

Der Anlass für die ersten Reichsmatrikel war die Auseinandersetzung mit den Hussiten. Nach der Hinrichtung des Jan Hus

Abb. 6: Illustration zum Kriegsbuch des (Pseudo-) Johann Hartlieb (um 1450): Kampfwagen mit Sicheln an den Rädern, Schießscharten und kleinen Büchsen. Die Kriegsknechte tragen verschiedene Stangenwaffen: Hellebarden, Spieße, Kriegsflegel.

(† 1415) als Ketzer auf dem Konstanzer Konzil 1415 verbanden sich in Böhmen religiöse, soziale und nationale Motive zu einer schlagkräftigen Bewegung. 1420 rief Papst Martin V. († 1431) zum Kreuzzug auf, woraufhin Sigismund, König des römisch-deutschen Reiches und von Böhmen († 1437), ein Heer nach Böhmen führte und in der Schlacht auf dem Berg Vítkov (1420) eine herbe Niederlage erlitt. Der militärische Erfolg der Hussiten basierte auf der Kombination aus technischen und taktisch-strategischen Innovationen, die den Vorteil einer defensiven Kampfweise mit einer offensiven Strategie verknüpften. Grundlage hierfür waren Kampfwagen, deren Einsatz auf die Kämpfer der Hussiten zugeschnitten war. Diese rekrutierten sich aus bäuerlichen und städtischen Milieus und verfügten über entsprechende kämpferische Erfahrungen, was sich einerseits im Einsatz von Stangenwaffen, wie dem Kriegsflegel, und andererseits der Verteidigung von Befestigungen niederschlug. Die Kampfwagen waren eigens für den Einsatz in der Schlacht gefertigt, dienten dem Transport der Truppen und als Kampfplattform gleichermaßen. Die dem Feind zugewandte Seite wurde durch zusätzliche Bretter – teilweise mit Schießscharten – verstärkt, so dass die Kämpfer aus erhöhter, geschützter Position agieren konnten – ähnlich wie bei der Verteidigung einer Stadt. Die Wagen wurden für den Kampf zusammengeschlossen und fungierten in Form einer Wagenburg als mobile Festung. Schildträger, die mit großen Setzschilden (Pavesen) ausgestattet waren, schützten die Zwischenräume der Wagen und bildeten eine bewegliche Schutzmauer im Feld. Auf diese Weise verbanden die Hussiten das defensive Potenzial des Festungskampfes mit dem Vorteil der strategischen Beweglichkeit. Hinzu kam der Einsatz der sogenannten Karrenbüchsen. Kleinkalibrige Feldgeschütze wurden auf den Kampfwagen mitgeführt, so dass eine mobile Feuerlinie entstand. Der Erfolg dieser Kampfweise hing am disziplinierten Zusammenspiel aller Kämpfer, das durch das gemeinsame religiöse Anliegen der Hussiten und strenge Disziplinarvorschriften befördert wurde. Die Hussiten bildeten Kampfverbände, die sogenannten Feldheere, die beständig einsatzbereit waren, und als stehende Heere über ein hohes Maß an Kampferfahrung verfügten, so dass die verschiedenen Truppenteile – Wagenlenker, Schützen, Schildträger, Spießer – effizient interagierten. Diese Konzentration auf den Krieg führte dazu, dass die Angehörigen der Feldheere «von der Kriegstätigkeit ökonomisch abhängig wurden» (Uwe Tresp, *Söldner*, 29). Daher nutzten die Feldheere ihre militärische Übermacht zwischen 1428 und 1433 zunehmend für offensive Operationen und drangen bis Österreich, Ungarn, Bayern oder Sachsen vor. Kriegserfolg generierte hier weiteren Krieg. Erst als die Einheit der Hussiten zerfiel und unterschiedliche Fraktionen gegeneinander standen, konnte 1434 ein Sieg gegen die Feldheere erzielt werden. Der Erfolg der Feldheere begründete den Einfluss der böhmischen Kampfweise auf die Kriegführung in Europa im 15. Jahrhundert, was sich unter anderem in der Bezeichnung von Waffen niederschlug: Pistole als Bezeichnung für eine kleine, handliche Schusswaffe geht auf das tschechische *pišťala* zurück. Die mit Pavesen kämpfenden Fußtruppen – noch im 16. Jahrhundert als «böhmische Kampfweise» bezeichnet – fochten als Söldner auf verschiedenen Schlachtfeldern Europas und waren – neben den Gewalthaufen der Eidgenossen – für die taktische Aufwertung von Fußkämpfern verantwortlich.

Die weitaus meisten Reichsmatrikel bezogen sich auf die größte Bedrohung Lateineuropas bis weit in die Frühe Neuzeit hinein: die Angriffe des osmanischen Reiches. Eine erste große Konfrontation fand 1396 bei Nikopolis (heute Bulgarien) statt, als ein Kreuzfahrerheer den Truppen von Sultan Bayezid I. (gest. 1403) unterlag. Schon hier zeigten sich einige der Grundprobleme im Kampf gegen die Türken: Die Truppen des Sultans waren an Zahl und Disziplin deutlich überlegen. Die Angriffe der muslimischen Türken wurden zwar rhetorisch und argumentativ als Bedrohung der Christenheit aufgefasst – in diesem Begründungszusammenhang prägte Enea Silvio Piccolomini († 1464) Mitte des 15. Jahrhunderts die bis heute wirkmächtige Deutung von «Europa» als christlicher Gemeinschaft. Dies führte aber keineswegs zu einer einheitlichen Führung und gemeinsamen Anstrengung aller christlichen Reiche, so dass Aufwand und Geschwindigkeit der Reaktionen je nach geographischer Lage und politischer Situation stark variierten. Frankoburgundische Kräfte reagierten 1396 vor allem deswegen auf den Hilferuf aus Ungarn, weil der Hundertjährige Krieg zu diesem Zeitpunkt pausierte und als Betätigungsfeld für ritterlichen Ehrgewinn ausfiel. Das osmanische Reich verfügte vom 14. Jahrhundert an über die ökonomischen und personellen Ressourcen sowie die bürokratisch-staatliche Durchdringung, um große Heeresverbände aufzustellen und im Feld zu halten. Große Teile des Staatsaufbaus waren dabei auf den Unterhalt der Armee ausgerichtet, die auf unterschiedliche Rekrutierungsmechanismen zurückgreifen konnte. Das Prinzip der *timare* war dem Lehenswesen nicht unähnlich: Die Steuereinnahmen aus einem Dorf dienten dem Unterhalt eines berittenen Kämpfers. Anders als beim Lehenswesen blieb die Unterordnung unter und Ausrichtung auf den Sultan aber immer bestehen, so dass sich die Inhaber der *timare* nicht in der Form verselbständigen konnten, wie wir das beim europäischen Ritteradel beobachten können. Noch deutlicher wird die ausschließliche Ausrichtung auf den Sultan bei den berühmten Janitscharen. Diese Fußkämpfer wurden aus Kriegsgefangenen und den Söhnen christlicher Untertanen rekrutiert, bekehrt und für den Kriegsdienst ausgebildet. Der Dienst für den Sultan brachte ihnen Privilegien – wie etwa Steuerfreiheit –, was für hohe Loyalität und Abhängigkeit sorgte. Ein Wesensmerkmal der türkischen Heere im späten Mittelalter war die gut funktionierende, hierarchische Kommandostruktur, an deren Spitze in der Regel der Sultan selbst stand. Schlachtpläne wurden diszipliniert exekutiert, was sich etwa in der oftmals angewandten Taktik der vorgetäuschten Flucht zeigte: Eine kleine Einheit wandte sich zur Flucht und führte den nachstoßenden Gegner dem im Hinterhalt liegenden Hauptheer an einer für dieses günstigen Stelle zu. Die Truppen des osmanischen Reiches eroberten und zerschlugen im Verlaufe des 15. Jahrhunderts das oströmische Reich. Die Eroberung Konstantinopels 1453 wurde von den Zeitgenossen als Fanal und von der Geschichtswissenschaft als ein mögliches Enddatum für das Mittelalter betrachtet. Militärhistorisch verdeutlichte sie die Leistungsfähigkeit einer Militärorganisation, die auf die Ressourcen eines zentralistischen Staates zurückgreifen konnte. Im 16. Jahrhundert drangen die Türken massiv nach Westen vor, 1526 besiegten sie bei Mohács ein ungarisches Heer, 1529 belagerten sie zum ersten Mal Wien. Trotz dieser Erfolge der Türken blieben die militärischen Reaktionen des Heiligen Römischen Reiches begrenzt. Auch wenn der deutsche König als (zumindest potenzieller) Kaiser eine Führungsrolle beim Schutz der römisch-katholischen Christenheit beanspruchte, liefen Heeresmatrikel zur Türkenabwehr regelmäßig ins Leere. Für die Reichsfürsten war die Bedrohung fern, der finanzielle Aufwand sowie die Furcht hingegen groß, dem König mit dem Reichsheer ein Machtmittel in die Hand zu geben. Die Auseinandersetzungen mit dem osmanischen Reich blieben bis weit in die Neuzeit präsent.

Die Reichsmatrikel waren aber nicht grundsätzlich wirkungslos, das Reichsheer keineswegs nur eine theoretische Größe. Dies zeigte sich 1475, als Friedrich III. mit einem Reichsheer vor Neuss erschien, um die von Reichsfeinden belagerte Stadt zu entsetzen. Das Herzogtum Burgund hatte sich im Laufe des 14. und 15. Jahrhunderts aus einer Ansammlung verstreuter Herrschaften zu einer veritablen Mittelmacht in Europa entwickelt. Aus den Wirren des Hundertjährigen Krieges ging das Herzogtum gestärkt hervor, Herzog Karl der Kühne († 1477) strebte nach der Königswürde und setzte dafür die beträchtlichen ökonomischen Mittel seiner modern verwalteten und reichen Herrschaft auch militärisch ein. 1474 war er mit einem beeindruckenden Heer vor die Stadt Neuss (circa 40 Kilometer nördlich von Köln) gezogen, um seinen Einfluss im Reich auszubauen und ein Zeichen seiner politisch-militärischen Stärke zu setzen. Dies führte zu einer großangelegten Belagerung, die sich auf der Höhe der technischen Möglichkeiten ihrer Zeit abspielte und knapp ein Jahr dauerte. Karl befehligte circa 20 000 Mann, darunter Belagerungsspezialisten sowie englische und italienische Söldner. Die Stadt war durch Mauer, Graben und Vorwerk gut befestigt und zusätzlich durch einen Rheinarm geschützt. Die Verteidiger wurden vom Landgrafen von Hessen angeführt und umfassten 3000 bis 4000 Mann, die Stadt hatte etwa 5000 Einwohner. Wir sind durch einen historiographischen Bericht des Neusser Stadtschreibers Christian Wierstraet sehr detailliert über die Vorgänge in der belagerten Stadt informiert. Die städtische Wirtschaft wurde den Kriegsbedingungen angepasst: Lebensmittel wurden konfisziert und rationiert, Handwerker stellten Kriegsgerät her und kriegswichtige Materialien – wie Bau- und Brennholz – wurden der Verteidigung zugeführt, indem Häuser und Scheunen abgerissen wurden. Wierstraet gibt an, dass die Pfeilschnitzer und Schmiede einen Vorrat von 30 000 Pfeilen hergestellt hätten. Andere Kampfmittel konnten hingegen nicht in der Stadt produziert werden, zum Beispiel Salpeter – ein wichtiger Bestandteil von Schießpulver; dieser wurde in einer Art Kommandoaktion von 200 Kölner Verbündeten durch die burgundischen Linien geschmuggelt. Trotz solcher gelegentlichen Durchbrüche durch den Belagerungsring war die Versorgungslage in der Stadt dramatisch. Alles Schlachtvieh wurde konfisziert und in der Feldküche der Söldner zubereitet, so dass nur noch drei Milchkühe blieben, um Kinder und Kranke zu versorgen. In der Not wurden sogar Muscheln aus dem Stadtgraben und Pferde gegessen, was auch die Kriegspferde betraf, die man zunächst aus militärischen Gründen geschont und für Ausfälle eingesetzt hatte. Manche von Wierstraets Schilderungen lassen den Krieg des 15. Jahrhunderts sehr modern erscheinen: «Am selben Tag wurden auch [...] Pferde für die Zuteilung geschlachtet, und als die Osternacht vorüber war, kochte jeder sein Pferdefleisch in dem Loch, in dem er gerade Wache hielt.» Auch die Kämpfe vor der Stadtmauer wecken Assoziationen an Grabenkämpfe des 20. Jahrhunderts. Die Burgunder trieben Gräben gegen die Stadtmauern voran, um Geschütze in Position zu bringen und die vorrückenden Kämpfer zu decken. Die Neusser legten ihrerseits Gegengräben an; beide lagen so eng beieinander, dass sich die Kämpfer in Zeiten von Waffenstillständen die Hand reichen konnten. Der Grabenkampf wurde mit unterschiedlichen Waffen geführt: Die Neusser schütteten Urin und Kot auf die Angreifer und trieben glühende Spieße in die feindlichen Gräben. Die Stadt wurde tage- und wochenlang beschossen, und immer wieder stürmten die Angreifer vergeblich gegen die Mauern an. Dabei betrieben sie hohen logistisch-technischen Aufwand. Ein Flussarm des Rheins wurde trockengelegt, ein anderer mit Hilfe einer Pontonbrücke aus Weinfässern überquert. Bei den Schanzarbeiten kam, ausweislich des Berichtes Wilwolts von Schaumburg († 1510), eines Söldnerführers in Diensten Karls, auch eine Gruppe von 4000 Frauen aus dem Tross zum Einsatz. Der Herzog soll ihnen sogar eine eigene Fahne gegeben haben, die ihnen in den Einsatz vorangetragen wurde; außerdem wurde ihr Trupp von Trommlern und Pfeifern begleitet. Wilwolt beschreibt hier, woran man eine militärische Einheit erkennt, und verweist gleichzeitig auf die denkwürdige Ausnahme, dass Frauen derart organisiert waren.

Die kriegführenden Parteien griffen aber nicht nur zu Mitteln, die wir heute als militärisch kategorisieren würden. Die Neusser bemühten sich immer wieder in Bitt- und Dankprozessionen um göttlichen Beistand. Diese führten zu militärisch wichtigen Punkten, was einen direkten Bezug zwischen Kampfhandlungen und Ritual deutlich macht. Eines der Stadttore, das Rheintor, wurde in Sankt Quirinstor umbenannt, um so die Hilfe des Stadtheiligen für das Tor und die ganze Stadt zu erflehen. Das Ende der Belagerung wurde schließlich durch ein Reichsheer unter Kaiser Friedrich III. herbeigeführt. Verhandlungen und Maßnahmen zur Rekrutierung dieses Heeres reichten bis zu den Anfängen der burgundischen Offensive Mitte 1474 zurück und verweisen darauf, dass wir es hier nicht mit dem Aufgebot eines zentralistischen Staates zu tun haben. Erst im Mai 1475 schlug das Heer sein Lager jenseits der Erft auf und konnte militärisch in die Belagerung eingreifen. Das Reichsheer umfasste zwischen 35 000 und 40 000 Mann und musste so den Vergleich mit dem burgundischen Heer – oder englischen und französischen Kontingenten im Laufe des Hundertjährigen Krieges – nicht scheuen. Mit Hilfe von hohlen Kanonenkugeln nahm das Reichsheer Kontakt zu den Belagerten auf: Man schoss die Botschaften in die Stadt. Am 23. Mai kam es zu einem Gefecht, als die Burgunder die «Wagenburg» Friedrichs angriffen, wie ein Zeitgenosse das kaiserliche Lager nannte. Entscheidend waren letztlich Verhandlungen, die Karl zum Abzug bewogen und Neuss von der Last der Belagerung befreiten. Karl der Kühne war trotz des enormen Aufwandes seiner modernen Armee vor den Mauern von Neuss gescheitert, was nicht nur die Leistungsfähigkeit des Reichsheeres, sondern auch die taktischen Vorteile der Defensive im ausgehenden 15. Jahrhundert belegte.

11. Auf dem Weg in die Neuzeit: Stehendes Heer und staatliches Gewaltmonopol (15. Jahrhundert)

In der militärhistorischen Forschung wird immer wieder das Konzept der *military revolution* diskutiert, welches Michael Roberts mit Bezug auf das frühe 17. Jahrhundert entwickelt hat. Etliche Aspekte der Militärgeschichte hätten in dieser Zeit einen entscheidenden Entwicklungssprung erfahren, der einen qualitativen Unterschied zwischen neuzeitlichen und mittelalterlichen Heeren markiere. Dies bezog sich auf Heeresgröße, Kriegsfinanzierung, Logistik, Taktik und Strategie. Diese These wird inzwischen diskutiert und modifiziert, indem mittelalterliche Vorläufer der frühneuzeitlichen Entwicklungen aufgezeigt werden und der Zeitraum, in dem die Entwicklung stattgefunden habe, immer weiter ins Mittelalter vordatiert wird. Fraglich erscheint dabei, wie sinnvoll sich diese Entwicklungen als revolutionäre Umbrüche charakterisieren lassen. Vieles bahnte sich langsam an und entwickelte sich eher mäandernd als geradlinig. Die europäischen Heere der Frühen Neuzeit erscheinen dann eher als Ergebnis einer Evolution. Einige dieser Entwicklungen seien hier vorgestellt.

Karl der Kühne, der vor Neuss 1475 gescheitert war, starb 1477 auf dem Schlachtfeld bei Nancy. Man musste großen Aufwand betreiben, um seinen Leichnam zu finden und zu identifizieren. Wie so oft nach mittelalterlichen Schlachten waren die Toten aller Kleidung und Ausrüstungsgegenstände beraubt worden, so dass eine Identifizierung schwierig wurde. Der Herzog von Burgund soll an der Form der Zehennägel erkannt worden sein. Nancy war die letzte in einer Reihe von Niederlagen der Burgunder gegen Truppen der schweizerischen Eidgenossen. Im März 1476 hatten diese bei Grandson das erste Mal gesiegt. Die burgundischen Truppen umfassten circa 20000 Mann, überwiegend beritten, und einen Geschützzug von mehreren hundert Kanonen. Die Schweizer kämpften ausschließlich zu Fuß und waren mit Piken, Hellebarden und Armbrüsten bewaffnet. Sie agierten in geschlossener Formation (Gewalthaufen) und hielten dem Angriff der Reiter ebenso stand wie dem Beschuss durch die burgundische Artillerie. Ausschlaggebend war die hohe Disziplin der dicht gedrängten Stangenwaffen-Träger, die ihre Position auch unter widrigen Umständen hielten. Die Forschung verweist hierbei auf die Bedeutung eines gemeinsamen politischen Anliegens, das die Schweizer im Kampf und darüber hinaus verband. Drakonische Strafen und die Erkenntnis, dass das eigene Überleben am Funktionieren der Gemeinschaft hing, taten ein Übriges. Als die Burgunder den ersten Gewalthaufen nicht aufbrechen oder zur Flucht zwingen konnten, verloren sie bei der Ankunft eines zweiten ihre Ordnung und flohen. Die burgundischen Verluste waren zwar vergleichsweise gering, die Schweizer konnten aber das Lager Karls plündern und neben dem gesamten Geschützpark reiche Beute machen. Hier zeigte sich eindrücklich die Überlegenheit taktisch versierter Fußkämpfer gegen berittene Truppen auch im offenen Feld und die noch immer begrenzte Wirkung von Feldartillerie. Dieser und die folgenden Siege der Schweizer gegen Karl den Kühnen stärkten den militärischen Ruf der Eidgenossen, der auch auf der ihnen zugeschriebenen Grausamkeit und Kompromisslosigkeit beruhte. Kriegsordnungen verboten den Kämpfern, Gefangene zu machen, um den militärischen Erfolg nicht zu gefährden. Die Taktik des Gewalthaufens wurde vorbildhaft für andere Kontingente und die Schweizer begehrte Söldner, auch in der Frühen Neuzeit.

Der Tod Karls des Kühnen beendete die Geschichte des Herzogtums Burgund als eigenständige Macht und legte durch den Streit um sein Erbe den Grundstein eines Konflikts, der für die Geschichte Europas über Jahrhunderte prägend sein sollte: die Auseinandersetzungen zwischen dem Haus Habsburg und dem Königreich Frankreich. Maximilian I. († 1519), Sohn Kaiser Friedrichs III., heiratete kurz nach Karls Tod dessen Erbtochter Maria († 1482) und erhob Ansprüche auf deren burgundisches Erbe. König Ludwig XI. von Frankreich († 1483) hingegen wollte das Herzogtum als Lehen zurück an die französische Krone bringen. Die kriegerischen Auseinandersetzungen, die aus diesem Konflikt folgten, dauerten bis ins 18. Jahrhundert. Maximilian war dabei in erster Linie auf die Möglichkeiten zurückgeworfen, die ihm die habsburgischen Erblande boten; die Ressourcen des Reiches standen ihm nur bedingt zur Verfügung, da es sich nicht um eine Reichsangelegenheit, sondern eine habsburgische Erbstreitigkeit handelte. Maximilian tritt uns heute als schillernde Gestalt an der Schwelle vom Mittelalter zur Neuzeit entgegen, was auch in seinen militärischen Aktionen, vor allem aber in seiner Selbstdarstellung begründet liegt. Wohl wissend, dass der Staatshaushalt die entscheidende Grundlage für erfolgreiches Kriegführen war, strukturierte er die Verwaltung neu, um seine Steuereinnahmen zu erhöhen. Darüber hinaus schuf er mit den Landsknechten eine neue militärische Formation. Diese Söldner orientierten sich an der Kampfweise der Schweizer und setzen im Gewalthaufen auf das Zusammenspiel unterschiedlicher Stangenwaffen und von Schützen. Im Unterschied zu den Eidgenossen verband die Söldner aber kein gemeinsames Anliegen über den Sold hinaus. Dies ist ein Grund dafür, dass diese Kämpfer mitunter nur schwer zu kontrollieren waren und neben ihren Erfolgen auch für Plünderungen und Marodieren bekannt wurden – wie etwa dem Sacco di Roma 1527. Übergriffe resultierten auf der einen Seite aus dem Gewaltpotenzial und der Gewaltkompetenz der Söldner, welche zunehmend selbstbewusster auftraten und ihren Forderungen handfest Nachdruck verliehen. Auf der anderen Seite war Grausamkeit auch Teil eines Geschäftsmodells, das die Landsknechte als effiziente Kämpfer des 16. Jahrhunderts empfahl.

Reichsheere und Landsknechte wurden bei Bedarf aufgeboten und nach dem Ende der jeweiligen Militäraktion wieder entlassen. Auf Reichsebene fehlten den römisch-deutschen Königen die Ressourcen und die Zugriffsmöglichkeit, um ein stehendes Heer zu etablieren und zu finanzieren. Im Verlauf des Mittelalters gab es immer wieder militärische Verbände, die dauerhaft unter Waffen gehalten und entlohnt wurden. Hierzu zählten bewaffnete Gefolge, die sich in unmittelbarer Nähe eines Herrschers aufhielten und unter anderem auch die Aufgabe einer Leibwache erfüllten, ebenso wie Burgbesatzungen, die ganzjährig Wachdienst leisteten. Auch wenn diese eindeutig militärische Funktionen hatten, so waren diese Verbände oft multifunktional, vergleichsweise klein und konnten allenfalls den Kern eines Aufgebotes bilden. Erst mit einer Zunahme an obrigkeitlichem Zugriff auf die Untertanen und soliden, steuerfinanzierten Einnahmen waren die Voraussetzungen für größere stehende Verbände geschaffen. Hier zeigt sich – wie in vielen anderen Aspekten der Militärgeschichte – der Zusammenhang zwischen Krieg und Staatlichkeit. In der Spätphase des Hundertjährigen Krieges unternahm König Karl VII. von Frankreich einige Schritte hin zu einer stehenden, königlichen Armee. 1439 legte er fest, dass nur noch der König das Recht habe, Söldner anzuwerben. Dies zielte auf eine Monopolisierung des Krieges in der Hand des Königs ab und belegt die hohe Bedeutung von Söldnern in den Kriegen des 15. Jahrhunderts. 1445 folgte ein weiteres Gesetz (Ordonanz), das die Aufstellung von 15 Kompanien – sogenannte Ordonanzkompanien – regelte. Jede Kompanie bestand aus 100 Lanzen, welche sich je aus einem gepanzerten Reiter, einem Knappen und zwei berittenen Bogenschützen zusammensetzten. Diese Kompanien wurden aus der königlichen Schatulle besoldet, unterstanden direkt dem Monarchen und blieben ständig unter Waffen. Damit unterstand Karl eine Armee von 6000 Mann, was zwar hinter den Rekrutierungsmöglichkeiten des Königsreiches zurückblieb, aber deutlich mehr war, als jedem anderen Fürsten inner- oder außerhalb Frankreichs in Friedenszeiten zur Verfügung stand. Die Truppen wurden auf verschiedene Standorte im ganzen Königreich verteilt, was die Präsenz des Königsstaates sichtbar und die Funktion der Kompanien als Ordnungsmacht deutlich machte. Der Dienst in diesen Kompanien war finanziell lukrativ und – anders als bei klassischen Söldnerkompanien – nicht an ein Kriegsszenario gebunden, so dass es keine Rekrutierungsprobleme gab. Die Nachfrage überstieg die Zahl der Stellen und der Dienst in den Kompanien des Königs wurde zum Privileg, was die Bindung der Armee an die Monarchie verstärkte und dem

König zu einer Monopolstellung in Sachen Krieg verhalf. Mit Kasernierung und konstanter Bezahlung greifen wir hier Elemente des modernen Soldatentums, das es in seiner strikten Abgrenzung zwischen Militär und Zivilgesellschaft im Mittelalter nur sehr bedingt gab. In den Ordonanzkompanien wurde nicht der Krieg zum Beruf (wie bei den Söldnern), sondern der militärische Dienst für den König. Diese Kompanien bildeten den Kern des königlichen Heeres und wurden im Kriegsfall durch weitere Aufgebote – Lehnstruppen oder Söldner – ergänzt. In Frankreich entstand im 15. Jahrhundert ein stehendes, königliches Heer, welches auf vergleichbare Entwicklungen in anderen Ländern in der Frühen Neuzeit verwies.

Ein weiterer Aspekt der Entwicklung waren die Heeresgrößen: Wir sehen schon im 15. Jahrhundert, dass die Heere tendenziell größer wurden, was die Massenheere der Frühen Neuzeit ankündigte. Während König Heinrich VII. († 1313) 1310 mit einem Heer von etwa 5000 Mann zur Kaiserkrönung nach Rom zog, standen Friedrich III. 1475 vor Neuss über 30 000 Mann zur Verfügung. Auch wenn sich die Rekrutierung des Reichsheeres aus den Romzügen entwickelt hatte, bestand doch im ganzen Mittelalter immer ein großer Unterschied zwischen der Truppenaushebung für offensive Feldzüge außerhalb des eigenen Herrschaftsbereiches und der Landesverteidigung. Ein Blick nach England belegt dabei, dass man nicht von ungebrochenen Entwicklungslinien ausgehen kann. Das größte Aufgebot des Hundertjährigen Krieges fällt in die Mitte des 14. Jahrhunderts: das Belagerungsheer bei Calais mit über 30 000 Mann. Alle Aufgebote des 15. Jahrhunderts blieben – teilweise sehr weit – dahinter zurück. Die Rekrutierungsfähigkeit hing von Finanzkraft, Kriegswilligkeit und anderen Faktoren ab, die sich nicht alle im Sinne einer zunehmenden Staatlichkeit im Laufe des 15. Jahrhunderts gleichermaßen verdichteten. Und dennoch lässt sich aus der Rückschau ein gesamteuropäischer Trend hin zu größeren Heeren ausmachen. Dies lag zunächst in den zunehmenden finanziellen Möglichkeiten der Kriegsherren und der Verfügbarkeit von Söldnern, aber auch einem allgemeinen Bevölkerungswachstum begründet. Ein weiterer Baustein für die Massenheere war die zunehmende Bedeutung der Fußkämpfer. Stangenwaffen, Pavesen und die Gefechtsform des Gewalthaufens verschafften ihnen taktische Vorteile, die einen Einsatz in großer Zahl sinnvoll und nötig machten. Beide Tendenzen bedingten sich wechselseitig: Die Kampftaktik erforderte große Kontingente, weil einzelne Stangenwaffenträger gegenüber Reitern chancenlos waren, und die Erfolge der Gewalthaufen eröffneten gleichzeitig die Möglichkeit, größere Heere aufzustellen, weil Fußtruppen deutlich billiger waren als andere Kämpfer. Damit verschob sich das taktisch-strategische Gewicht in Richtung der zu Fuß kämpfenden Akteure, ohne dass die berittenen Kräfte gänzlich an Bedeutung verloren hätten. Vielmehr wurde der «Kampf mit verbundenen Waffen» immer wichtiger, das abgestimmte Agieren der drei «Waffengattungen»: Fußkämpfer, Artillerie und Reiter. Jeder Gruppe kam eine je nach Kampfkonstellation und -phase unterschiedliche Aufgabe zu. Das erforderte ein hohes Maß an Training und Disziplin innerhalb des einzelnen Verbundes und zwischen den beteiligten Gruppen.

Darauf legten auch die kriegstheoretischen Schriften großen Wert, die im 15. Jahrhundert verfasst wurden und einen weiteren Aspekt der Modernisierung darstellten. Im ausgehenden Mittelalter finden wir in zunehmender Dichte Texte, welche die Kriegführung theoretisch durchdringen und Handlungsanweisungen für Feld- und Kriegsherren geben. Dies hat mit der zunehmenden Schriftlichkeit, dem aufkommenden Gelehrtenwesen und einer immer komplizierteren Kriegführung zu tun. Stefanie Rüther spricht von einer «Transformation des Kriegswesens zur Kriegskunst» (Stefanie Rüther, *König*, S. 166). Diese Texte befassten sich dabei mit unterschiedlichsten Aspekten: Wagenburgordnungen, dem Büchsenbau und Feuerwerk, Zeughauswesen, Belagerungs- und Schlachttaktik. Philipp von Seldeneck († 1534), ein fränkischer Adliger, Reichsministeriale und ab 1465 Erbküchenmeister des Heiligen Römischen Reiches, verfasste verschiedene Schriften, die sich unter anderem mit der Ordnung und Taktik eines Heeres im Kampf befassten, dessen Kern aus Gewalthaufen mit Spießträgern und Schützen bestand. Um beim Aufeinandertreffen der Haufen einen Vorteil zu gewinnen, wurden unter anderem «die verlornn schuczenn» eingesetzt. Hierbei handelte es sich um berittene Schützen mit kleinen Handbüchsen, welche auf der linken Seite der eigenen Formation aufgestellt wurden, um die rechte Seite des feindlichen Spießerhaufens anzugreifen. So sollten die geschlossenen Reihen der Spießer aufgebrochen und das Eindringen der eigenen Fußtruppen ermöglicht werden. Die Bezeichnung dieser Einheit als «verlorene Schützen» verdeutlicht, wie hoch die Überlebenschancen eingeschätzt wurden.

Die militärische Evolution spielte sich also auf verschiedenen Ebenen ab und schloss technische Entwicklungen ebenso ein wie neue Rekrutierungs- und Finanzierungsmethoden. Altbewährtes blieb dabei lange bestehen, und so finden wir auch im ausgehenden 15. Jahrhundert noch Lehnstruppen, Armbrustschützen und schwer gepanzerte Reiter. «There was no single medieval military revolution, but there was experiment and change, and considerable sophistication» (Michael Prestwich, *Armies*, S. 345). Spezialisten der mittelalterlichen Militärgeschichte betonen zu Recht das hohe Maß an Kontinuität zwischen mittelalterlichen und frühneuzeitlichen Kriegen. Dies gilt nicht zuletzt, wenn man sich mit sozio-kulturellen Aspekten befasst. Maximilian I. war nicht nur der «Vater der Landsknechte», sondern auch «der letzte Ritter». Während die erste Bezeichnung zeitgenössisch ist, stammt die zweite aus einem Gedicht des 19. Jahrhunderts. Hier zeigt sich das Nebeneinander von Altem und Neuen. Maximilian war ein begeisterter Anhänger des Rittertums, er veranstaltete Turniere und nahm selber daran teil. Er führte seine Truppen persönlich ins Feld und erfüllte ein wesentliches Ideal des kriegeradligen Königtums, wenn er bei Guinegate (im Nordwesten Frankreichs) 1479 persönlich in vorderster Linie kämpfte. Dies entsprach weniger moderner Staatsräson als einem personenbezogenen Verständnis von Sozialprestige, das im Kampf vermehrt werden konnte. Darüber hinaus motivierte der Feldherr seine Truppen durch seinen Einsatz. Dieser erfolgte aber ganz modern nicht hoch zu Ross, sondern als Teil eines Gewalthaufens mit dem Langspieß in Händen.

Abschließende Betrachtungen

Zum Jahr 810 berichtet eine anonyme Lebensbeschreibung Ludwigs des Frommen, des Sohnes und Nachfolgers Karls des Großen, von einem militärischen Manöver der Franken gegen das muslimische Tortosa am Ufer des Ebro:

«Und in einem Rate, den sie [die fränkischen Heerführer] untereinander hielten, wie man die Feinde durch einen geheimen Überfall überraschen könnte, entwarfen sie diesen Plan: sie fertigten Schiffe zum Übersetzen [über den Ebro] an, zerlegten jedes davon in vier Teile, so dass jedes Viertel durch je zwei Pferde oder Maultiere gezogen werden konnte und sie sich durch vorher angefertigte Nägel und Klammern leicht wieder zusammenfügen ließen; durch Pech aber und Wachs und Werg, welche man bereit hatte, sollten, sobald man zum Fluss käme, die Fugen an den Stellen der Zusammenfügung geschlossen werden. [...] Die aber, welche zu jenem Werke bestimmt waren, Hademar, Bera und die übrigen, nachdem sie einen Marsch von drei Tagen zurückgelegt hatten – da sie ohne Zelte waren, unter dem freien Himmel lagernd, ohne Herdfeuer, damit sie nicht durch den Rauch verraten würden, am Tage in den Wäldern versteckt, in der Nacht so viel sie konnten vorrückend – setzten am vierten Tag auf den zusammengefügten Schiffen über den Ebro; die Pferde durchschwammen ihn. Dieser Plan hätte nach ihrem Wunsch einen großen Erfolg gehabt, wenn er nicht auf sehr scharfsinnige Weise entdeckt worden wäre. Da nämlich Herzog Abaidun von Tortosa, um die Unsrigen am Übergang zu verhindern, das Ufer des Ebro besetzt hatte, die Ebenerwähnten auf die angegebene Art den Fluss oberhalb überschritten, sah ein Maure [ein Muslim], der zum Baden in den Fluss gegangen war, Pferdemist im Wasser treiben. Als er diesen sah – wie sie denn von großer Schlauheit sind – schwamm er hin, nahm den Mist und hielt ihn an die Nase; dann rief er: ‹Seht her, Genossen, ich rate euch, nehmt euch in Acht; denn dies ist weder Abgang vom Waldesel noch überhaupt von einem Tier, das an Kräuterweide gewöhnt ist. Das ist Mist von Pferden, welcher sicherlich aus Gerste besteht, das Futter von Pferden oder Maultieren. Daher passt sorgfältig auf. Denn am Oberlauf des Flusses werden, wie ich sehe, Nachstellungen bereitet.›» Der von den Franken intendierte Überraschungseffekt kam nicht zu Stande, weil sie vorzeitig entdeckt worden waren.

Wir können nicht mit Sicherheit abschätzen, ob dieser Bericht in allen Details zutrifft. Wir sehen aber sehr deutlich, zu welchen militärischen Maßnahmen karolingische Kämpfer fähig waren, was ein Geschichtsschreiber seinem Publikum also glaubhaft erzählen konnte. Überführt man diesen Bericht in eine moderne Militärterminologie, haben wir es mit einem Kommandounternehmen zu tun, das auf sehr präziser Kenntnis von Terrain und Gegner sowie ausgefeilten logistisch-technischen Möglichkeiten beruhte. Transportable Schiffe und eine disziplinierte Truppe machten eine geheime Amphibien-Operation im Rücken des Feindes möglich. Im Rahmen der technischen und organisatorischen Möglichkeiten des 9. Jahrhunderts mutet das alles sehr modern an. Die Kommandeure hatten offenbar ein klares Verständnis von strategischen Optionen, und die Truppen waren in der Lage, diese umzusetzen. Die Umstände des Scheiterns verweisen wiederum sehr deutlich auf ein Spezifikum mittelalterlicher Kriege: Der Pferdesachverstand, den wir für mittelalterliche Gesellschaften annehmen dürfen, ermöglicht den muslimischen Gegnern der Karolinger, deren Kriegspferde am Kot zu erkennen. Die wertvollen Tiere wurden mit Gerste gefüttert und nicht einfach zum Grasen auf die Weide geschickt. Das Futter musste mitgeführt werden, was die Logistik von Militäraktionen verkomplizierte und den Stellenwert der Pferde unterstrich.

Die Kriegführung machte im Mittelalter zahlreiche Veränderungen durch. Auf technischem Gebiet war die Einführung des Schießpulvers die wichtigste Neuerung, welche die Kriegführung dauerhaft verändern sollte. Hiervon sehen wir im ausgehenden Mittelalter die ersten Anzeichen. Die *killing zone* – der

Bereich zwischen kämpfenden Truppen, in dem die Waffen effektiv waren – vergrößerte sich im Laufe der Zeit langsam, aber kontinuierlich, reichte jedoch nie über Sichtweite hinaus. Das Töten fand von Angesicht zu Angesicht statt und unterlag damit immer auch den Begrenzungen von Tageslicht und Wetter.

Im Bereich der Schlachttaktik zeigte sich ein langfristiger und langsamer Trend von berittenen Truppen zu solchen, die zu Fuß kämpften. Damit ging eine Vergrößerung der Heere einher, wobei einfach und billig auszurüstende Kämpfer, die in Massen eingesetzt werden konnten, teurere und elitärere verdrängten. Der Krieg behielt seine Bedeutung für soziale Distinktion aber immer bei. Vom Heerkönigtum bis zum Rittertum blieb der mittelalterliche Adel immer an den Krieg gebunden, blieben die ritteradligen *bellatores* die in Kriegführung und Gesellschaft einflussreichste Gruppe. Dies schlug sich etwa im spätmittelalterlichen Turnierwesen nieder, in dem sich schwergepanzerte Ritter auch noch zu einer Zeit publikumswirksam gegenüberstanden, als ihre kriegerische Bedeutung auf den Schlachtfeldern schon abgenommen hatte. Militärisch setzten Büchsen, Stangenwaffen und Gewalthaufen dem Rittertum ein Ende, sozial und kulturell blieb es bis zum Ende des Mittelalters (und darüber hinaus) eine wesentliche Bezugsgröße.

Der Krieg war im Mittelalter endemisch – räumlich, zeitlich und gesellschaftlich. Kein Reich und keine Gesellschaftsgruppe blieben dauerhaft oder langfristig von ihm verschont. Jahrhundertelange Friedensphasen – wie im Italien des Imperium Romanum – kannte das Mittelalter nicht.

Letztlich ist es eine Frage der Perspektive, ob man das Mittelalterliche oder das Moderne in den Kriegen zwischen 500 und 1500 betonen will. Manches an den Kriegen der Moderne ist nicht mehr ganz so neu, wenn man genau ins Mittelalter schaut. *Warlords*, die sich durch den Krieg finanzieren und etablieren, kennen wir sowohl aus dem Frühmittelalter als auch aus dem Italien des 14. und 15. Jahrhunderts. Asymmetrische Konfliktführungen waren keine Seltenheit und lagen letztlich einer strategischen Konzeption zu Grunde, die von Kriegstraktaten formuliert wurde: dem Gegner unter Ausnutzung aller Gegebenheiten und bei weitestgehender Schonung der eigenen Ressourcen Schaden zufügen. Erstaunen über «unritterliches» Verhalten in den Kriegen des Mittelalters sagt mehr über moderne Stereotypen aus als über die Gewalthandlungen der Epoche.

So fremd uns Kämpfer erscheinen mögen, die beim Baden am vorbeischwimmenden Pferdemist riechen, so vertraut sind uns geheime Kommandounternehmen bei Nacht – zumindest aus Filmen.

Danksagung

Für Unterstützung, Korrekturen und Anregungen zur Manuskriptgestaltung danke ich Lola Clauss, Manfred Clauss, Regine Grienberger, Stefan von der Lahr und Sebastian Schaarschmidt.

Bildnachweis

Abb. 1: Petrus de Ebulo, Liber ad honorem Augusti sive de rebus Siculis. Codex 120 II der Burgerbibliothek Bern, hg. v. Theo KÖLZER/Marlis STÄHLI, Sigmaringen 1994, S. 147. © Burgerbibliothek Bern, Cod. 120. II, f. 123 r.
Abb. 2: Württembergische Landesbibliothek, Stuttgart. Signatur: HBF 864.
Abb. 3: bpk, Berlin.
Abb. 4: Xvlun – CC BY-SA 2.5, *https://de.wikipedia.org/wiki/Datei:Crac_des_chevaliers_syria.jpeg*.
Abb. 5: mauritius images/The Picture Art Collection/Alamy.
Abb. 6: Cod. 3062, fol. 149 r, © ÖNB, Wien.
Karten auf den Umschlaginnenseiten: © Peter Palm, Berlin.

Kurzbibliographie

Quellen

Albert von Aachen, Geschichte des ersten Kreuzzuges, hg. v. Herman HEFELE, Jena 1923.

Anna Komnene, Alexias, hg. v. Diether Roderick REINSCH, Berlin/New York ²2001.

Annales Sancti Rudberti Salisburgenses, in: Andreas KUSTERNIG, Erzählende Quellen des Mittelalters. Die Problematik mittelalterlicher Historiographie am Beispiel der Schlacht bei Dürnkrut und Jedenspeigen 1278, Wien 1982, S. 50–70.

Anonymus von Béthune, Chronique d'un Anonyme de Béthune, in: Receuil des Historiens des Gaules et de la France 24, hg. v. Martin BOUQUET, Paris 1904, S. 750–776.

Das Leben des Kaisers Ludwig vom sogenannten Astronomus, hg. v. Reinhold RAU, in: Quellen zur Karolingischen Reichsgeschichte, Teil 1 (Ausgewählte Quellen zur deutschen Geschichte des Mittelalters 5), Darmstadt 1955, S. 255–381.

Der Teppich von Bayeux. Ein mittelalterliches Meisterwerk, hg. v. Pierre BOUET/François NEVEUX, Darmstadt 2018.

Das Buch von der Geschichte der Franken, hg. v. Herbert HAUPT, in: Quellen zur Geschichte des 7. und 8. Jahrhunderts (Ausgewählte Quellen zur deutschen Geschichte des Mittelalters 4a), Darmstadt 1982, S. 329–379.

Carmen de bello Saxonico/Das Lied vom Sachsenkrieg, hg. v. Fanz-Josef SCHMALE, in: Quellen zur Geschichte Kaiser Heinrichs IV. (Ausgewählte Quellen zur deutschen Geschichte des Mittelalters 12), Darmstadt ⁴2000, S. 143–189.

Christian Wierstraet, Die Geschichte der Belagerung von Neuss. Faksimile der Erstausgabe bei Arnold ther Hoernen Köln 1476, hg. v. Herbert KOLB, Neuss 1974.

Continuatio Vindobonensis, in: Andreas KUSTERNIG, Erzählende Quellen des Mittelalters. Die Problematik mittelalterlicher Historiographie am Beispiel der Schlacht bei Dürnkrut und Jedenspeigen 1278, Wien 1982, S. 77–94.

Flavius Vegetius Renatus, Abriss des Militärwesens. Lateinisch und deutsch, hg. v. Friedhelm Müller, hg. v. Friedhelm L. MÜLLER, Stuttgart 1997.

Die vier Bücher der Chroniken des sogenannten Fredegar, hg. v. Andreas

KUSTERNIG, in: Quellen zur Geschichte des 7. und 8. Jahrhunderts (Ausgewählte Quellen zur deutschen Geschichte des Mittelalters 4a), Darmstadt 1982, S. 44–271.

Die Fortsetzungen der Chroniken des sogenannten Fredegar, hg. v. Herbert HAUPT, in: Quellen zur Geschichte des 7. und 8. Jahrhunderts (Ausgewählte Quellen zur deutschen Geschichte des Mittelalters 4a), Darmstadt 1982, S. 272–325.

Friedensgesetzte des Heeres, in: Rahewin, Die Taten Friedrichs, hg. v. Franz-Josef SCHMALE (Ausgewählte Quellen zur deutschen Geschichte des Mittelalters 17), Darmstadt 1965, Buch 3, Kapitel 31, S. 456–461.

Froissart Chronicles, hg. v. Geoffrey BRERETON (The Penguin classics), Harmondsworth 1978.

Gregor von Tours, Zehn Bücher Geschichten, hg. v. Rudolf BUCHNER (Ausgewählte Quellen zur deutschen Geschichte des Mittelalters 2 und 3), Darmstadt 1970 und 1972.

Indiculus loricatorum Ottoni II. in Italiam mittendorum, in: Quellen zur deutschen Verfassungs-, Wirtschafts- und Sozialgeschichte bis 1250, hg. v. Lorenz WEINRICH (Ausgewählte Quellen zur deutschen Geschichte des Mittelalters 32), Darmstadt 1977, S. 62–65.

Konzil von Clermont, in: Die Kreuzzüge, Krieg im Namen Gottes, hg. v. Peter MILGER, München [5]1988, S. 10.

Stephen MORILLO, The Battle of Hastings. Sources and interpretations (Warfare in history), Woodbridge 2009.

Philipp von Seldeneck, Kriegsbuch, in: Volker SCHMIDTCHEN, Kriegswesen im späten Mittelalter. Technik, Taktik, Theorie, Weinheim 1990, S. 242–264.

Pamela PORTER, Medieval Warfare in Manuscripts, London 2000.

Thietmar von Merseburg, Chronik, hg. v. Werner TRILLMICH, Nachtrag von Stefan PATZOLD (Ausgewählte Quellen zur deutschen Geschichte des Mittelalters 9), Darmstadt [8]2002.

Widukind von Corvey, Die Sachsengeschichte, hg. v. Ekkehart ROTTER/ Bernd SCHNEIDMÜLLER (Universal-Bibliothek 7699), Stuttgart 1981.

Wolfram von Eschenbach, Willehalm. Text und Übersetzung, hg. v. Dieter KARTSCHOKE/Werner SCHRÖDER, Berlin, New York [3]2003.

Literatur

Christopher ALLMAND, The «De Re Militari» of Vegetius. The Reception, Transmission and Legacy of a Roman Text in the Middle Ages, Cambridge 2011.

Christopher ALLMAND, The Hundred Years War. England and France at War, c.1300-c.1450, Cambridge 1988.

Gerd ALTHOFF (u.a.), Krieg im Mittelalter, Darmstadt 2017.

Andrew AYTON, Knights and Warhorses. Military Service and the English Aristocracy under Edward III, Woodbridge 1994.
The Battle of Crécy, 1346, hg. v. Andrew AYTON/Philip PRESTON (Warfare in history), Woodbridge 2005.
Bernard S. BACHRACH, Early Carolingian Warfare. Prelude to Empire, Philadelphia 2001.
Matthew BENNETT, Agincourt 1415. Triumph against the Odds (Campaign Series 9), London 1991.
Holger BERWINKEL, Verwüsten und Belagern. Friedrich Barbarossas Krieg gegen Mailand, 1158–1162 (Bibliothek des Deutschen Historischen Instituts in Rom Bd. 114), Tübingen 2007.
Charles R. BOWLUS, Agrarii Milites, in: The Oxford Encyclopedia of Medieval Warfare and Military Technology, Bd. 1, hg. v. Clifford J. ROGERS, Oxford 2010, S. 10–11.
Jim BRADBURY, The Medieval Siege, Woodbridge 1992.
Gewalt im Mittelalter. Realitäten, Imaginationen, hg. v. Manuel BRAUN/Cornelia HERBERICHS, München 2005.
Martin CLAUSS, Kriegsniederlagen im Mittelalter. Darstellung – Deutung – Bewältigung (Krieg in der Geschichte 54), Paderborn 2010.
Martin CLAUSS, Ritter und Raufbolde. Vom Krieg im Mittelalter (Geschichte erzählt 20), Darmstadt 2009.
Martin CLAUSS, Waffe Und Opfer. Pferde in Mittelalterlichen Kriegen, in: Tiere Im Krieg. Von Der Antike bis Zur Gegenwart, hg. v. Rainer PÖPPINGHEGE, Paderborn 2009, S. 47–63.
Philippe CONTAMINE, La guerre au Moyen Âge (Nouvelle Clio. L'histoire et ses problèmes 24), Paris 2003.
Philippe CONTAMINE, La guerre de cent ans, Paris 1968.
Anne CURRY, The Hundred Years War, New York 1993.
Ralph H. C. DAVIS, The Medieval Warhorse. Origin, Development and Redevelopment, London 1989.
Hans DELBRÜCK, Geschichte der Kriegskunst, Bd. 2: Das Mittelalter. Von Karl dem Großen bis zum späten Mittelalter, Berlin 1907.
Georges DUBY, Le dimanche de Bouvines. 27 juillet 1214, Paris 1973.
Joachim EHLERS, Die Ritter. Geschichte und Kultur (C.H.Beck Wissen) München [2]2009.
Kriegs/Bilder in Mittelalter und Früher Neuzeit, hg. v. Birgit EMICH/Gabriela SIGNORI, Berlin 2009.
Suraiya FAROQHI, Geschichte des Osmanischen Reiches (C.H.Beck Wissen), München [6]2015.
John FRANCE, Bouvines, Battle of, in: The Oxford Encyclopedia of Medieval Warfare and Military Technology, Bd. 1, hg. v. Clifford J. ROGERS, Oxford 2010, S. 163–165.
Christine GRIEB, Schlachtenschilderungen in Historiographie und Literatur (1150–1230) (Krieg in der Geschichte 87), Paderborn 2015.

Christoph HAACK, Die Krieger der Karolinger. Kriegsdienste als Prozesse gemeinschaftlicher Organisation um 800 (Reallexikon der Germanischen Altertumskunde. Ergänzungsbände, Band 115), Berlin/Boston 2020.

Guy HALSALL, Warfare and Society in the Barbarian West, 450–900 (Warfare and history), London 2003.

Nikolas JASPERT, Die Kreuzzüge (Geschichte kompakt Mittelalter), Darmstadt [4]2008.

Maurice KEEN, The Laws of War in the Late Middle Ages, London/Toronto 1965.

Hans-Henning KORTÜM, Kriege und Krieger. 500–1500 (Kohlhammer-Urban-Akademie), Stuttgart 2010.

Transcultural Wars. From the Middle Ages to the 21st Century, hg. v. Hans-Henning KORTÜM, München 2006.

Krieg im Mittelalter, hg. v. Hans-Henning KORTÜM, Berlin 2001.

Patrick LEUKEL, «all welt wil auf sein wider Burgundi». Das Reichsheer im Neusser Krieg 1474/75 (Krieg in der Geschichte Band 110), Paderborn 2019.

Ferdinand LOT, L'art militaire et les armées au Moyen-Age en Europe et dans le Proche-Orient, 2 Bde., Paris 1947.

Peter MORAW, Von offener Verfassung zur gestalteten Verdichtung. Das Reich im späten Mittelalter, Berlin 1985.

Stephen MORILLO, A general typology of transcultural wars – the Early Middle Ages and beyond, in: Transcultural Wars. From the Middle Ages to the 21st Century, hg. v. Hans-Henning KORTÜM, München 2006, S. 29–42.

Stephen MORILLO, Milites, Knights and Samurai: Military Terminology, Comparative History, and the Problem of Translation, in: The Normans and their Adversaries at War, hg. v. Richard Philip ABELS/Bernard S. BACHRACH (Warfare in history), Woodbridge/Rochester 2001, S. 167–184.

Helen J. NICHOLSON, Medieval warfare. Theory and Practice of War in Europe, 300–1500, Basingstoke/New York 2004.

Norbert OHLER, Krieg und Frieden im Mittelalter, München 1997.

Michael PRESTWICH, Armies and Warfare in the Middle Ages. The English experience, New Haven 1996.

Malte PRIETZEL, Krieg im Mittelalter, Darmstadt 2006.

Malte PRIETZEL, Kriegführung im Mittelalter. Handlungen, Erinnerungen, Bedeutungen (Krieg in der Geschichte 32), Paderborn 2006.

Peter PURTON, History of the Early Medieval Siege. c. 450–1220, Woodbridge 2009.

Peter PURTON, History of the Late Medieval Siege. 1200–1500, Woodbridge 2010.

Timothy REUTER, Plunder and Tribute in the Carolingian Empire, in: Transactions of the Royal Historical Society 35 (1985), S. 75–94.

The Military Revolution Debate. Readings on the Military Transformation of Early Modern Europe, hg. v. Clifford J. ROGERS (History and warfare), New York/London 2018.

The Oxford Encyclopedia of Medieval Warfare and Military Technology, 3 Bde., hg. v. Clifford J. ROGERS, Oxford 2010.

Clifford J. ROGERS, War Cruel and Sharp. English Strategy under Edward III, 1327–1360 (Warfare in history), Woodbridge 2000.

Stefanie RÜTHER, Der König als Feldherr. Normen und Begrenzungen im späten Mittelalter, in: Der König als Krieger. Zum Verhältnis von Königtum und Krieg im Mittelalter, hg. v. Martin CLAUSS/Andrea STIELDORF/Tobias WELLER (Bamberger interdisziplinäre Mittelalterstudien – Vorlesungen & Vorträge 5), Bamberg 2016, S. 159–183.

Thomas SCHARFF, Die Kämpfe der Herrscher und der Heiligen. Krieg und historische Erinnerung in der Karolingerzeit (Symbolische Kommunikation in der Vormoderne), Darmstadt 2002.

Volker SCHMIDTCHEN, Kriegswesen im späten Mittelalter. Technik, Taktik, Theorie, Weinheim 1990.

Bernd SCHNEIDMÜLLER, Konsensuale Herrschaft. Ein Essay über Formen und Konzepte politischer Ordnung im Mittelalter, in: Reich, Regionen und Europa im Mittelalter und Neuzeit. Festschrift für Peter Moraw, hg. v. Paul-Joachim HEINIG/Barbara KRAUSS, Berlin 2000, S. 53–87.

Ernst SCHUBERT, Einführung in die Grundprobleme der deutschen Geschichte im Spätmittelalter (Grundprobleme der deutschen Geschichte), Darmstadt 1992.

Matthias SPRINGER, Agrarii milites, in: Niedersächsisches Jahrbuch für Landesgeschichte 66 (1994), S. 129–166.

Matthew STRICKLAND, War and Chivalry: The Conduct and Perception of War in England and Normandy, 1066–1217, Cambridge 1995.

Peter THORAU, Die Kreuzzüge (C.H.Beck Wissen), München [4]2013.

Uwe TRESP, Söldner aus Böhmen. Im Dienst deutscher Fürsten: Kriegsgeschäft und Heeresorganisation im 15. Jahrhundert (Krieg in der Geschichte 19), Paderborn 2004.

Jan. F. VERBRUGGEN, The Battle of the Golden Spurs (Courtrai, 11 July 1302). (Warfare in history), Woodbridge 2002.

Jan F. VERBRUGGEN, The Art of Warfare in Western Europe during the Middle Ages. From the Eighth Century to 1340 (Warfare in history), Woodbridge [2]1998.

Karl Ferdinand WERNER, Heeresorganisation und Kriegsführung im deutschen Königreich des 10. und 11. Jahrhunderts, in: Settimane di Studio del Centro Italiano di Studi sull'alto Medioevo 15 (1968), S. 791–843.

Gabriel ZEILINGER, Lebensformen im Krieg. Eine Alltags- und Erfahrungsgeschichte des süddeutschen Städtekriegs 1449/50 (Vierteljahrschrift für Sozial- und Wirtschaftsgeschichte Beihefte 196), Stuttgart 2007.

Personenregister

Ortsregister